A coragem
de crescer

Dados Internacionais de Catalogação na Publicação (CIP)
(Câmara Brasileira do Livro, SP, Brasil)

Melo, Maria de
    A coragem de crescer : sonhos e histórias para novos caminhos / Maria de Melo. – 2. ed. – São Paulo : Ágora, 2013.

    ISBN 978-85-7183-115-5

    1. Psicoterapia 2. Sonhos - Aspectos psicológicos I. Título.

13-02253   CDD-154.63

        Índice para catálogo sistemático:
        1. Sonhos : Psicologia 154.63

Compre em lugar de fotocopiar.
Cada real que você dá por um livro recompensa seus autores
e os convida a produzir mais sobre o tema;
incentiva seus editores a encomendar, traduzir e publicar
outras obras sobre o assunto;
e paga aos livreiros por estocar e levar até você livros
para a sua informação e o seu entretenimento.
Cada real que você dá pela fotocópia não autorizada de um livro
financia o crime
e ajuda a matar a produção intelectual de seu país.

Maria de Melo

A coragem de crescer

Sonhos e histórias para novos caminhos

EDITORA
ÁGORA

A CORAGEM DE CRESCER
Sonhos e histórias para novos caminhos
Copyright © 2005, 2013 by Maria de Melo
Direitos desta edição reservados por Summus Editorial

Editora executiva: **Soraia Bini Cury**
Editora assistente: **Salete Del Guerra**
Capa: **Buono Disegno**
Imagem da capa: **LeksusTuss/Shutterstock**
Ilustração de capa: **Echo3005/Shutterstock**
Projeto gráfico e diagramação: **Crayon Editorial**
Impressão: **Sumago Gráfica Editorial**

Editora Ágora
Departamento editorial
Rua Itapicuru, 613 – 7º andar
05006-000 – São Paulo – SP
Fone: (11) 3872-3322
Fax: (11) 3872-7476
http://www.agora.com.br
e-mail: agora@agora.com.br

Atendimento ao consumidor
Summus Editorial
Fone: (11) 3865-9890

Vendas por atacado
Fone: (11) 3873-8638
Fax: (11) 3873-7085
e-mail: vendas@summus.com.br

Impresso no Brasil

*Aos meus filhos,
Felipe, Pedro, Frederico e Paulo,
que sempre me deram coragem.*

*E aos meus clientes,
cuja coragem de bancar a aventura
da busca de si mesmos
me inspira e me vitaliza.*

Sumário

Prefácio 9
Introdução 11

PARTE I **Como se tornar um bom sonhador**

Liberdade para sonhar 16
Um *poodle* e dois cavalos 28
O dilema de Marta: mais poder ou mais afeto? 42
O dique dos eus negados 59
O porão reconstruído 71
Nova família 78
O sonho de Daisy 84

PARTE II **Carila, uma história sem fim**

Crime e reparação 98
Lisa e o rei 107
Quem sou eu na história de Carila? 117
Que rei sou eu? 127

PARTE III **Reflexões sobre a culpa e a ingenuidade**

O jogo da culpa sem fim 138
Amor não é investimento 145
As armadilhas da ingenuidade 156

PARTE IV **Equívocos do sucesso**

Robert: o grandão e o outro 166
Raízes da solidão 173

Prefácio

Esta segunda edição de *A coragem de crescer* permanece, em essência, fiel à primeira. Considero este livro uma obra de arte do mundo afetivo-relacional, pois nele a autora – com muita simplicidade, maturidade, competência e bravura – consegue abordar o leitor como quem conversa com um amigo íntimo. O efeito é tocante, carregado de sabedoria e ensinamentos. Por isso, fiquei muito entusiasmada com o convite para prefaciar uma obra que ousa penetrar na caverna dos sonhos, tão repleta de possibilidades e capaz de criar uma ponte real e firme para o amor criativo.

Como a própria autora diz, o livro é um mutirão de pessoas reunidas com um objetivo comum, o de transformar a fome afetiva por meio da união, e assim desenvolver a coragem de crescer. O que aqui se propõe é um novo olhar sobre os sonhos, uma bússola para os que querem reconhecer e compreender o lugar emocional onde se encontram e para onde desejam seguir, encontrando o caminho por meio do sentir, do autoconhecimento, do potencial criativo e da autocura. Com a habilidade de uma mestra, Maria de Melo compartilha seus tesouros pessoais e profissionais, frisando a necessidade de olhar para os recursos e para os limites pessoais.

"Os sonhos são você, o estágio em que você está no mundo e o que você é", escreve a autora para mostrar ao leitor a chance de autorregulação e quanto "somos aprendizes de nós mesmos". Por vezes, perdemos o contato com a confiança em nossa natureza e cedemos ao padrão do medo e do encolhimento, a base de toda patologia. Excelente psicoterapeuta que é, Maria generosamente compartilha com o leitor suas vivências e ensina o que desenvolveu e aprendeu ao longo de sua pobre/rica vida, em que o sentir e o saber fazem a real consciência.

Valendo-se do seu olhar sociopolítico e cultural, e embasando-se em filmes como *As invasões bárbaras* e *O declínio do império americano*, ela mostra como chegamos ao atual estado emocional da nossa cultura, como culminou num comportamento sem limite e sem corpo, alheio às razões do coração, em que a violência ocupa cada vez mais espaço. E é aí que o poder da consciência (que inclui o sentir e o corpo) é apresentado como a verdadeira chave de comunicação, capaz de prevenir a crueldade (consciente ou inconsciente).

O resultado é este livro emocionante, humano, que não dispensa as (sempre) providenciais doses de humildade e humor e, portanto, se torna uma verdadeira delícia para leitores dispostos a se deixar envolver por uma narrativa intuitiva e potente, de uma talentosa contadora de histórias dedicada a desenvolver a sustentabilidade afetiva de cada um pelo autoconhecimento. Uma autora determinada a combater a praga da ignorância emocional e assim prevenir danos futuros. Você tem em mãos linhas que celebram a vida. E isso é motivo para comemorar. Um brinde à vida e à coragem de viver!

Mary Jane A. Paiva
Psicóloga, analista reichiana e diretora da Sociedade de Orgonomia e Vegetoterapia Caracteroanalítica (Sovesp)

Introdução

ENTENDER PARA CRESCER

Ao relançar este livro, meu desejo é continuar compartilhando com o leitor um pouco do que tenho aprendido ao longo da vida, como pessoa e como terapeuta.

A psicoterapia é uma oportunidade única de encontro. A pessoa que se senta à minha frente me torna companheira da sua dor e da sua vontade de viver. Escolhe livremente alguém para testemunhar sua hora da verdade, suas chances de um encontro de melhor qualidade consigo mesma. O que é, antes de mais nada, um ato de coragem. A coragem de crescer.

De minha parte, às vezes é hora de calar e ouvir. Ficar inteiramente focada, entrar em sintonia com ela, oferecer ressonância ao seu movimento vital, tornar-me um campo onde esse movimento possa se ampliar, ganhar força. Essa postura é essencial para que a pessoa se reconheça e se reconstrua numa relação que nos integra, nos inclui, nos faz participantes da mesma e grande dança da vida. Por isso, a certa altura, também eu devo sair da minha posição de ouvinte e participar da troca, mostrar minha cara e até mesmo, se preciso, confrontar o cliente.

Se olhamos em volta, logo deparamos com muita violência, depredação, o próprio planeta às vezes tão a caminho da desagregação e da morte. São grupos e mais grupos humanos que se fecham, interrompem as trocas e passam a viver emocionalmente empobrecidos e desnutridos. Ou são "vencedores" que saem da paralisação e da autopiedade e partem para a conquista dessa outra face da infelicidade que é a busca de acumular dinheiro, poder e *status* de forma desmedida, desequilibrada – o que também deixa o coração vazio e destrutivo. Vencer, de uma ótica mais profunda, é mais do que essa busca superficial de investimento na própria imagem, com um custo energético alto, em prejuízo de valores mais essenciais e verdadeiramente nutritivos para o cerne da pessoa.

Mas, como disse o poeta Friedrich Hölderlin, "ali onde está o perigo também cresce a salvação". Milhares de pessoas não têm oportunidade de fazer psicoterapia, mas buscam também aprofundar o contato – verticalmente, em direção ao próprio âmago, e horizontalmente, em direção ao outro, ao mundo do qual somos parte. Elas integram uma grande teia de busca de felicidade e de verdade que se espalha pelo mundo de modo incessante.

Em todos os lugares surgem indivíduos e grupos em pleno processo de abertura e ampliação de consciência. São verdadeiras redes de revitalização capazes de apresentar soluções de fato novas, níveis de consciência ampliados. Elas são formadas por pessoas abertas àquela alquimia que transmuta a dor, o rancor e a cobiça em compaixão e aceitação amorosa, faíscas divinas prontas para reacender em nós a plena vitalidade.

Quero me conectar especialmente com essas pessoas, fazer parte dessa rede de apoio mútuo e revitalização amorosa, repartir experiências que me enriqueceram como pessoa e como terapeuta neste mundo tão disperso e desconectado.

Esta obra pretende compor esse mutirão de esperança na criação de um novo campo de transformação emocional. Um mutirão tão honesto que também eu quero me expor nele, contar um pouco da minha história, a suave infância mineira, a dura chegada a São Paulo, os estudos, as viagens. Vou também falar muito de sonhos, dos meus e dos meus pacientes, porque é neles que estão refletidos os lados mais intrincados da vida e também os caminhos mais valiosos para uma consciência maior do que se passa.

Mas também sairemos um pouco do consultório e da psicoterapia para viajar por aí à procura de outras luzes igualmente preciosas que nos façam entender melhor o mundo e a vida. Nos mitos da Grécia, por exemplo, vamos aprender, com a história de Carila e do rei de Delfos, como são amargos, pessoal e socialmente, os frutos do desrespeito e da injustiça. Na clássica história do Barba-Azul, descobriremos que, com um pouco de arte e coragem, podemos enfrentar, sim, a violência e a arrogância dos que aparentam ser mais fortes. Por meio de filmes como *As invasões bárbaras*, analisaremos como é ilusório o sucesso que não leva em conta sua própria alma nem os sentimentos dos outros.

De volta ao nosso dia a dia, tentaremos iluminar alguns aspectos bem manhosos das relações humanas e familiares, como aquele tipo de amor e dedicação que, no fim, custa tão caro para quem o recebe. Ou a sutil cara de pau de quem se faz de ingênuo para levar vantagem. Ou ainda a velha e triste arte de dominar e manipular os outros por meio da culpa.

Tentarei desenvolver o que penso na linguagem mais clara e simples possível, mesmo que o assunto seja um tanto complexo. Minhas referências ao escrever não são tanto os livros, mas a vida e o que ela, às vezes duramente, me ensinou.

ONDE CADA UM VALIA, ERA OUVIDO

Lá em Curvelo, no cerrado de Minas Gerais, onde vivi minha infância, todas as noites, depois do jantar, minha família e os vizinhos costumavam se reunir para serenas prosas de terreiro. Contávamos ali nossos causos, nossos sonhos e nossos temores, sempre na certeza de que havia ouvidos para ouvir. Não falávamos no deserto, havia ressonância, sintonia. As pessoas podiam não ser lá muito letradas, mas cada um se sentia capaz de dar algo de si, de deixar ali o seu legado, o seu fio na teia da vida.

Creio que um pouco daquele calor e daquela confiança permaneceu para sempre comigo, mesmo nos difíceis primeiros tempos de São Paulo.

E depois de tanto estudo, tanta leitura e tantas viagens, o que talvez eu queira mesmo com este livro é reconstituir com você, caro leitor, um pouco daquele terreiro lá da roça: um lugar onde a gente podia falar de tudo e sentir-se ouvido, entendido e até mesmo esclarecido. Mesmo porque, a certa altura, o que a gente mais quer na vida é isto: entender e ser entendido.

Uma antiga versão aramaica do pai-nosso pede que não nos falte cada dia o necessário em pão e entendimento. Diante das constantes ameaças da vida, o que de melhor um terapeuta pode tentar oferecer aos outros, ao vivo ou por escrito, talvez seja esse pão do entendimento que alimenta a coragem de crescer.

Parte I

Como se tornar um bom sonhador

Liberdade para sonhar

Muito se tem estudado e discutido a respeito da função dos sonhos. Este livro é, como eu disse, uma conversa sobre as coisas da vida, e gostaria de pensar o sonho de um modo diferente, com mais vivência e menos teoria. E sem qualquer pretensão de esgotar o assunto. Aliás, se há um tema inesgotável, esse é o do sonho. A razão é simples: o sonho está muito próximo do inconsciente – que é ilimitado! O que o sonho exige, mais que teoria, é abertura para sentir o que ele diz, liberdade e disposição para ir além. Melhor do que estudar o sonho é se deixar voar um pouco com ele.

Acredito então que contar sonhos, brincar com eles, como faço ao longo deste livro, é uma boa forma de difundir alguns conceitos sobre o ato de sonhar como uma preciosa linguagem da vida. Não posso dizer que analiso os sonhos, pelo menos não do jeito mais tradicional. Para mim, os sonhos, como as histórias, são canais para falarmos do que a vida está nos propondo.

Assim como os oráculos na Antiguidade, os pajés das nossas tribos ou os chamados "apanhadores de sonhos" de algumas comunidades primitivas, também os psicólogos podem ajudar aqueles que querem se tornar bons sonhadores. Independentemente das diferentes teorias, os sonhos continuam sendo fundamentais para a ampliação da consciência e a percepção de novas dimensões da realidade.

O problema é que fomos treinados por anos num modelo de percepção que nos limitou. O materialismo extremado de vários séculos nos deixou com medo de abrir nossa percepção para o invisível, para o espiritual, e até mesmo para o universo dos afetos e sentimentos. Gente séria tinha mais era que ser objetiva – no sentido mais pobre do termo, ou seja, só se relacionar com objetos físicos. E foi assim que trancamos numa sala bem apertada nosso medo de bruxas, fadas, demônios, deuses e fantasias. Junto confinamos os sonhos, ou pelo menos vigiamos demais sua livre circulação.

Nos estreitos compartimentos da cabeça e da lógica, trancamos os sonhos, a afetividade e a intuição. O resultado é que, entre outros prejuízos, nosso pescoço, que liga a cabeça ao tronco, tornou-se vítima de grandes tensões musculares, pesadas e doloridas. O pescoço assumiu a função de interditar a ponte que liga a cabeça e o intelecto ao coração e à afetividade – e ao resto do corpo, é claro. Ficamos fragmentados, compartimentados, assim como toda a nossa cultura. Alguns pedaços do corpo humano foram declarados "nobres", a cabeça, o intelecto principalmente. O coração e a afetividade ficaram diminuídos e não se fala neles pra valer. Vencedor é o cara "cabeça", o que detém o poder; o coração é para o bobão que se submete, ou para o louco, impulsivo, desvairado em suas paixões. A vitória do ser humano inteiro, capaz de integrar suas emoções e seu pensamento em gestos que expressem seus valores mais profundos, é coisa rara.

APRENDENDO A SONHAR

Já os sonhos, como brotam livres do inconsciente, furam as barreiras mais resistentes das pessoas mais defensivas. Por isso constituem caminhos valiosos para que cada um possa entrar dentro de si, da sua essência, e aprofundar-se nesse universo que é ele próprio. Um pouco de atenção e treinamento e você pode se tornar um bom sonhador!

A primeira condição é estar interessado. Levar os sonhos a sério, dar-lhes tempo e atenção. Anotá-los, ficar com eles, deixá-los fazer parte do seu dia. Se você não ouve o que os sonhos querem dizer, eles acabam se calando. O mestre dos sonhos que mora dentro de você fica aborrecido e silencia. Ele não gosta de falar sozinho e você não parece estar nem um pouco preocupado! O inconsciente se cansa quando vê que você é um sujeito cabeçudo que não está a fim de conectar-se com suas sombras interiores para, por meio delas, chegar à luz.

A melhor maneira que encontrei para explicar como se dá esse aprendizado é relatando de que modo lido com os meus sonhos, é falar dos seus processos. É como fazer um bolo diante do aprendiz para que ele sinta como é a coisa! Gostaria de transmitir principalmente uma postura, uma atitude diante do sonho e do inconsciente. Uma postura de leveza, de confiança, algo lúdico. Os sonhos gostam desse jeito, da seriedade de brincar com eles sem temê-los, de bulir com eles como criança brinca de massinha. Não entre nessa de achar que só o seu psicólogo entende seus sonhos! Eles são seus, e você tem mais dados do que ninguém para entender a mensagem oculta neles. Abra-se para eles. Não os aperte demais com seu raciocínio lógico. Não há nada estabelecido de antemão para explicá-los. São suas emoções, suas sensações que vão dar as dicas, sinalizar o caminho. A cabeça completa o trabalho, vai junto.

Às vezes surge um símbolo novo, diferente, que fala uma linguagem ainda desconhecida. É um bom sinal. Algo mais profundo está sendo tocado. Olhe para essa coisa em silêncio, deixe que ela olhe para você também, com a paciência de quem confia. Nada de muita falação nesses momentos em que algo está nascendo, tenro, delicado. Não tente arrombar portas nem jogar luz de holofotes. Não use lógicas apressadas. Isso seria fruto do medo. Cuide do seu sonho com zelo maternal e a coisa vai crescer e entregar naturalmente aquilo que não pode ser arrancado à força.

Lembre-se de que alguém em você sabe muito bem o significado de seu sonho. Basta ter coragem de deixar esse indivíduo falar, de não atrapalhar. Dar espaço. Não tenha pressa; não feche nada antes da hora. Aguente manter as coisas em aberto, sem forçar conclusões apenas para se livrar da incômoda sensação de não saber ainda, de não ter a explicação final. Tomar qualquer caminho só para não ficar na encruzilhada é sinal de medo, ansiedade. Se a ansiedade é muita, respire fundo, expire, principalmente. Expire e faça uma pausa após a expiração; fique um tempo sem respirar. Experimente exercitar a confiança na vida e permaneça um tempo "sem nada", sem ar. Desapegue-se, entregue-se. Seu organismo sabe direitinho qual é a hora de inspirar de novo. Vivemos nos agarrando a certos símbolos de segurança bastante custosos, perpetuando tensão e ansiedade por não confiarmos em nós mesmos nem na vida.

Confie na vida! Quando você se sentir muito abalado por um sonho, aguente ficar nesse lugar do vir a ser, que é a pausa entre uma coisa e outra, quando o velho já acabou e o novo ainda não começou. Esse espaço é propício para a energia do sonho, é um campo que tem a frequência iluminadora do sonhado. Um espaço "vazio" onde o novo tem chance de nascer. O ansioso, escondido em seus medos, respira sem essa pausa: tem uma respiração curta, sem profundidade – inspira pouco (sonha pouco) e expira pouco (descarrega e realiza pouco). Um ciclo respiratório atropela o outro e esse é o padrão em que vive o ansioso: sempre correndo, sempre atrasado! Correndo do quê?

Resumindo, o sonho é um:

» caminho de autoconhecimento;
» canal de acesso ao nosso potencial criativo, à nossa fonte de sabedoria;
» catalisador do poder de autocura inerente a todo organismo vivo.

POR UMA ECOLOGIA PESSOAL

Ao falar de autocura, sei que toco em um tema polêmico. Não vou tentar esgotá-lo aqui, apenas colocar uma pitada dele no nosso bolo, porque vale a pena. Podemos pensar em autocura como um processo de restabelecimento do equilíbrio do organismo, da unidade pessoal, da integração ferida ou mesmo quebrada nos embates da vida. Nesse sentido, autocura é reencontrar os caminhos que conduzem à revitalização. Tais caminhos significam melhor qualidade de trocas com o meio, contatos mais gratificantes consigo mesmo, com os outros e com a natureza.

Para retomar uma direção perdida, em primeiro lugar precisamos ser capazes de suportar perceber que nos perdemos, que nos negamos a encarar sentimentos difíceis, dos quais fugimos. Mesmo a doença, nesse contexto, tem uma função: ela vem denunciar a perda de contato com nossas emoções mais profundas. Recuperar a vitalidade é mudar a direção do olhar e focar a vida da ótica da saúde, da coragem de sentir sem medo e estar inteiro em si mesmo e no mundo. Sem esse olhar claro, não seremos eficientes para tomar decisões que atendam a nossas necessidades essenciais, nossas insatisfações mais profundas.

Sem esse foco corajoso, as pessoas continuam a buscar compensações, quebra-galhos que só jogam mais poeira nos olhos e escondem a dor negada ou a alegria não vivida, sonegada. É quando nos embriagamos nos mais diversos vícios. Eufóricos, sentimo-nos poderosos em nossas fantasias. Deprimidos, cultivamos a ilusão de fugir da vida, encolhidos em algum cantinho interior, abandonando tudo e traindo a nós mesmos. Interessante como essas escolhas equivocadas são vendidas diariamente na mídia, que vive mostrando pessoas perfeitas, bonitas, jovens, ricas, bem-amadas e bem-sucedidas. Vidas perfeitas, inatingíveis, que nos deixam ainda mais longe de todos e de tudo, mais perdidos. E talvez isso nos leve a acionar mais compensações, mais negações, mais euforia, mais depressão, num caminho sem saída. Para a alegria, diga-se, dos laboratórios fabricantes de antidepressivos, dos traficantes de drogas, das indústrias de bebidas alcoólicas. Os fabricantes de "aditivos existenciais" aumentam suas vendas à medida que nós ficamos cada vez mais loucos.

Como sair disso? Bem, isolado ninguém sobrevive. Sistemas vivos, somos como uma planta que, arrancada do solo, sem trocas constantes com a terra e o sol, começa a morrer, a negar sua contribuição ao ciclo da vida em torno dela. Às vezes perdemos vitalidade e adoecemos porque a terra onde estamos plantados está pobre, desértica, sem condições para uma vida saudável, de trocas vitalizantes. Dela não recebemos o que precisamos para expressar nosso ser; é um chão que não tem a oferecer aquilo de que carecemos para continuar evoluindo, nos organizando em estruturas cada vez mais ricas de possibilidades. Esse chão árido de afetos e ideias pode ser um casamento, um trabalho, um grupo social... Enfim, nossos campos de vida. Precisamos ver bem o que nos cerca e fazer escolhas na direção da saúde. Se, de um lado, a vida é um eterno fluir que muitas vezes nos assusta pela fugacidade de tudo, de outro revela que somos também um mar de possibilidades, e que nossas escolhas é que escrevem nossa história. Uma história que vai marcando inclusive o nosso corpo, porque posturas físicas são ao mesmo tempo posturas de vida, reflexo de nossas atitudes e posicionamentos. Assim, física e espiritualmente, somos nós que, a cada dia, optamos pela doença ou pela saúde.

Todo organismo vivo carrega uma constante e dinâmica busca da integridade, um padrão de movimento de se autocriar, de se reorganizar para viabilizar reações mais adequadas aos momentos que se apresentam ao longo da vida. A saúde não é um objeto parado, como um tijolo, algo concreto que se adquire e pronto. Ela é como um fluxo, um mover-se, reorganizar-se para compor a dança da vida dentro e em torno de nós, no meio em que estamos inseridos. A vida é um fluxo eternamente em movimento. Temos de dançar com ela, surfar nela. Nada que seja fixo, nenhuma atitude rígida, preestabelecida, pode ser eficiente. A saúde é uma resposta ao nosso interior e ao exterior – o campo que compomos por meio de trocas constantes. Uma resposta que pode ter sido útil tempos atrás agora pode constituir um perigo ou, no mínimo, ser pouco eficiente. Um organismo saudável sustenta a possibilidade de se retomar, tomar decisões quanto à vitalidade e afastar-se daquilo que desnutre, desvitaliza, exaure a energia do sistema. Por isso saúde é um conceito que envolve a pessoa inteira, física, emocional e espiritualmente, sua atitude diante da vida, seus valores profundos, sua ética e sua capacidade de tomar decisões que sustentem essa ética.

Saúde é mais do que não apresentar sintomas físicos e emocionais comprometedores, pois estes são apenas a parte visível do desequilíbrio. Além disso, nem sempre os sintomas se manifestam com facilidade. Às vezes o desequilíbrio, a desarmonia no funcionamento de um organismo vivo revela-se como o próprio modo de ser da pessoa, no seu jeito de encarar a vida. Só depois o sintoma físico vai surgir como expressão de uma postura doentia.

Eventualmente, até mesmo uma doença pode estar a serviço da saúde. Exemplo disso é a gripe, que nos obriga a desacelerar o ritmo violento de vida, que nos escraviza a uma agenda desumana, sem tempo para acertar as coisas com nós mesmos, contabilizar perdas e danos nem chorar as tristezas que existem e exigem. Uma doença assim pode ser a oportunidade de escutar aquele sábio interior que fala por meio de sonhos, intuições e *insights*. Durante a gripe, temos de cuidar do próprio nariz, que escorre, arde, dói, mas exige que tiremos um pouco o olhar fascinado do que está fora, das tarefas, e nos voltemos para cuidar de nós mesmos, aconchegados nos chazinhos quentes e sopinhas maternais. É escutando essa fala do corpo gripado que talvez se evite a ocorrência de uma doença pior mais tarde. Ignorada a mensagem da doença, o corpo falará mais alto, por meio de doença mais séria ou de sintomas emocionais e mentais mais graves. E acabará berrando, se precisar – mediante um câncer ou algo assim –, soltando seu grito de desespero diante de nossa incapacidade de expressar nosso ser mais profundo, as emoções viscerais, aquelas que dão à alma o direito de vir à flor da pele, participar da vida. A vida quer viver, e a busca da vitalidade é uma força tão grande que até mesmo a doença está a serviço dela. É preciso, pois, entender os movimentos da vida, entender seus códigos e ter coragem de reagir por meio de escolhas construtivas.

Outro tema importante da saúde é a atitude predadora, ainda tão frequente nos dias de hoje. Nossa civilização se relaciona com a natureza do ponto de vista do predador, que age como a célula cancerosa – cresce individualmente sem parar e se multiplica com violência, ocupando cada vez mais espaço e destruindo tudo ao redor. Ignora que está matando o organismo que a nutre e que acabará morrendo junto com ele. É uma célula egoísta, fechada no próprio umbigo, que não considera o projeto geral do organismo como um todo. O egoísta não é saudável. Seu desarranjo se manifestará em alguma esfera, seja no seu organismo, seja no seu entorno, que, no final das contas, se volta contra ele. O campo se desagrega e tende a adoecer. Basicamente, o processo de busca da saúde se traduz na intenção de se tornar cada vez mais potente, capaz de reagir de modo mais criativo e adequado, o que implica ser construtivo. Um ser amoroso tem um campo energético com potência suficiente para sustentar sua vitalidade interior e ainda vitalizar o meio, ou seja, viabilizar trocas enriquecedoras para todos.

Somos sistemas vivos. Somos um campo de energia organizada. Temos uma membrana que nos envolve, nos dá uma identidade, nos oferece um campo interno, um Eu que nos distingue do campo externo, do não eu. Se estamos saudáveis, a nossa membrana é resistente o bastante para envolver nossos conteúdos; temos uma identidade segura, muitos canais de boa comunicação e boas trocas com o mundo em volta. Porque somos um campo de energia dentro de outros campos de energia. A pessoa está inserida e em constante troca com a família, o grupo social, o planeta, o cosmo. Essa é a ideia da ecologia profunda. De nada adianta ir morar numa casinha florida no mato em meio a relações humanas degradadas.

Nada é isolado nesse campo de energia que é a vida. O sistema vivo que se isola adoece e começa a morrer. São as trocas, as relações que nos alimentam. Portanto, a saúde tem de levar em conta os campos nos quais transitamos. Até certo ponto, é possível para um organismo vital, com bom *quantum* de energia, sustentar seu equilíbrio num contexto doente – desagregador, estressante, pobre e sugador de sua energia. Chega o momento em que ou ele consegue transformar o contexto, o campo, ou tem de sair dele, afastar-se e buscar outro campo mais vitalizante. Uma pessoa saudável, por exemplo, fará todo o possível para tornar seu ambiente de trabalho um campo construtivo, de trocas vitalizadoras. Tentará alterar os padrões predatórios de energia das pessoas, a pressão disfuncional que rouba energia e a desperdiça, lançando no ralo a maior parte dos esforços. Quando começa a sentir que seu esforço não rende, o custo-benefício do gasto de sua energia vital não compensa, ela deve criar condições para sair dali, montar uma estratégia alternativa. Durante algum tempo poderá se fechar um pouco mais, deixar de ser a pessoa aberta e criativa que gosta de ser, descer de nível criativo, de fecundo agente de trocas, empobrecer-se para segurar a situação. É como se o Agassi jogasse uma partida de tênis comigo. Ele aguentaria um tempinho, como se brincasse com uma criança, por amor. Mas logo se sentiria impelido a arranjar outros parceiros a quem pudesse mostrar seu jogo e continuar a crescer. Senão poderia adoecer, ficar sem campo de trocas e de renovação.

Num ambiente de trabalho excessivamente competitivo, sugador, onde não há espaço para mútuos reconhecimentos e bate-bolas gostosos, colaboração, participação, diálogos, o campo revela-se pobre e empobrecedor. Precisamos mudar o campo ou ir "cantar noutra freguesia", onde haja trocas mais ricas. Isso é saúde, autocura.

Mas o que fazer quando é o nosso planeta que está adoecendo seriamente? Quando a competição desenfreada, o movimento geral é predatório em relação a tudo, aos seres humanos, aos animais e à natureza? Quando os detentores do poder vão engolindo o que podem das grandes riquezas comuns? Somos uma civilização fazedora de lixo. Compramos, compramos, jogamos fora o que acabamos de comprar já de olho na próxima novidade. *Ter mais* tende a se confundir com *ser melhor*. Consumimos, consumimos enlouquecidamente. E aquele que não consome parece que não é ninguém, não presta. Onde vamos jogar o lixo que sobra? Lá em Marte? Ora, mesmo que pudéssemos, Marte também faz parte do cosmo, do grande oceano de energia que nos nutre. Somos seres cósmicos. Não era por simples poesia que São Francisco falava "irmã Lua"... Por isso o caminho da ecologia profunda, total, é o único viável. Ter a consciência visceral de quem somos, de onde estamos e para onde vamos é o primeiro passo – necessário, essencial.

E o que os sonhos têm que ver com isso? Tudo!

Os sonhos são bússolas sensíveis que apontam constantemente a direção que estamos tomando, na vida pessoal e no planeta. Como num jogo de xadrez, os sonhos podem, se você se tornar um bom sonhador, cantar as jogadas saudáveis que podemos fazer, nos informar com clareza onde realmente estamos nos metendo e até que ponto isso é positivo. Eles podem ainda revelar com muita antecedência o padrão de funcionamento que nos levará a adoecer, sugerindo como mudá-lo. Assim, temos de aprender a entendê-los, conhecer seus códigos de acesso.

SER O QUE SOMOS: PRECISA MAIS?

Geralmente, sonhar com certo tema indica que o assunto ainda não está solucionado, mas já está em andamento o movimento de resolução. O padrão ainda está mudando. Ou seja, o inconsciente está a serviço da saúde e da evolução, e não fica mandando recados (sonhos) à toa, só por diletantismo. Quando um assunto está equacionado e você tomou as decisões corretas para a resolução, o senhor dos sonhos vai adiante. Se o sonho se repete, é porque você ainda precisa compreender algo para poder enfrentar o problema.

Quando o assunto é pesado demais para o seu atual estado de desenvolvimento emocional, talvez você não se lembre do sonho. Afinal, sonhamos toda noite, e bastante, mas em geral só lembramos de alguns sonhos. Ou de nenhum. Muitas vezes esse esquecimento é sinal de proteção; seu consciente está um tanto fraco, limitado, então é poupado. Mas a força da evolução se sustenta em outro nível, inconsciente ainda, esperando seu consciente chegar lá. O esquecimento também pode ocorrer em virtude do estilo de vida desgastante de nosso dia a dia, não sobrando energia para focar os assuntos internos e profundos; nesse caso, é bom se cuidar, porque a pressão interna só vai aumentar.

Alguns sonhos são de cura. Eles dão o toque final num processo, desamarram os últimos nós que estavam nos fixando num padrão desvitalizador, num beco sem saída, e assim liberam o organismo para retomar seu movimento rumo à criatividade e à saúde. Outros são avisos, dicas, placas que anunciam o trajeto, que indicam a direção. Outros, ainda, são consolos, compensações, quando de fato estamos precisando de um mimo, uma água com açúcar para levantar rapidamente a pressão e não deixar que venhamos a desfalecer no caminho.

Enfim, os sonhos são você, o estágio em que está e o mundo em que vive. São recursos inesgotáveis que existem dentro de cada um de nós. Mas ainda somos aprendizes de nós mesmos. Não ousamos mergulhar fundo em nosso mar interior nem deixar nosso coração revelar do que é capaz. Ainda vivemos no padrão do medo, do encolhimento – ou de seu complemento, o inchamento narcisístico, a expansão exacerbada, a mania de querer ser mais do que os outros, ou mais até do que nós mesmos, procurando sempre quebrar nossos recordes, numa corrida desatinada, numa autocondenação cruel, que inviabiliza a comemoração e a fruição de cada passo, de cada conquista. Por quê? Por não acreditarmos que podemos, de fato, ser. Simplesmente ser. Ser quem somos. Por que mais do que isso? Quem precisa de mais? Se não a impedirmos, a simples plenitude do que somos já é tanto...

Toda essa questão será esclarecida quando começarmos a contar os sonhos e as histórias que nos revelam. A seguir, examino alguns tipos de sonhos. O que avisa de um perigo, o que indica novos caminhos, o que celebra uma conquista...

Um *poodle* e dois cavalos

Às vezes, um sonho funciona como um sinal vermelho piscando, avisando sobre um perigo iminente caso a pessoa não mude o rumo da vida. Vamos acompanhar três sonhos de Carla, iniciando pelo último, o mais decisivo.

Justo esse, o mais crucial, ela começa a contar como quem não quer nada:

— Tive um sonho... Mas acho que é meio bobo...

Penso que não deve ser tão bobo assim o tal sonho, pois Carla tem aquele jeito fóbico de evitar, se possível, ou pelo menos retardar, algo difícil que está pintando diante de seus olhos. Então, para não assustar o sonho, respondo no mesmo tom, como se estivesse achando que ele devia ser meio bobo mesmo:

— Vai, conta assim mesmo! Como foi?

— Ah! Era um sonho de uma cena só. Estou na casa de minha irmã. Lá estão também minha mãe e meus sobrinhos. E meu cunhado. E também o cachorrinho deles, o *poodlezinho*...

Ela para um pouco. Eu espero em silêncio. Ofereço um chá quente, recosto-me na cadeira... (Tudo para não assustar o sonho...) Tomo um gole do meu chá e nos olhamos. Meu olhar pergunta mais sobre o sonho, de mansinho. Ela continua:

— Coisa mais esquisita... O *poodle* tinha uma bomba no rabinho!

— Puxa, que coisa! E então?

— Bom, mas a bomba não estourou. Alguém tirou a bomba na hora H. E o mais estranho é que... o cachorro não gostou nada disso! Ficou chateado, desapontado...

Continuamos conversando sobre o sonho, assim como quem não quer nada, num tom banal, sem excitação. Carla dava esse tom e eu me sintonizava nele. Como se nada fosse muito sério mesmo, frases terminando com reticências, sem pontos de exclamação, num tom casual, banal. Parecia que era preciso falar baixo, não criar nenhuma excitação, nenhuma onda que pudesse explodir a bomba, ou fazer Carla fechar-se sobre tudo aquilo. Era como se a gente estivesse comentando só o lado racional, eliminando grande parte das emoções, numa calmaria que me arrepiava, como antes de uma grande tempestade. Havia um pacto, não declarado, de que o outro lado da Carla inteira, o afetivo, nem estava ouvindo aquela conversa. Sabe quando alguém diz algo e pisca para você, como se insinuasse que o que diz não é a coisa dita e que devemos guardar segredo de uma parte dela? Era um falar assim de meia-boca.

Até que eu resolvi tirar o véu. Achei que era tempo. Propus que a gente acordasse e falasse pra valer sobre tudo aquilo. Revelei o pacto de segredo, o tom descompromissado de nossa conversa, e fiz o convite para sairmos da meia-boca e falar sério. E fiquei quieta, deixando que ela decidisse. Carla me olhou meio assustada. Eu lhe disse que, se ela não quisesse, não falaríamos. Numa boa. Não queria enfiar nada goela abaixo. Quando não conseguimos vomitar, dizer "não" para coisas engolidas à força, elas acabam virando bombas prestes a explodir dentro de nós... Falei de vomitar no sentido de posicionar-se, negar-se a engolir, porque Carla tem se queixado de sensações de náusea que a atacam impiedosamente nas mais diversas situações.

Falamos sobre a possibilidade de ela se colocar sem tanto medo de dizer "não", do direito que temos de sustentar nosso próprio movimento, mesmo que desagrade ao outro. Isso implica confiar em si mesma.

Depois, de comum acordo, decidimos penetrar no seu sonho.

— Me fale desse cachorrinho — pedi.

— O *poodle*? Ah! É o cãozinho da minha irmã...

— E o que mais você pode dizer sobre ele?

— Nada... Ele é um nada! Todo mundo o faz de gato-sapato. Ao suspirar profundamente, expresso algo que sinto vir do âmago dela ressoando em mim. Chegamos ao ponto e nos olhamos.

— É... — diz ela. — Acho que esse *poodle* sou eu!

E aí começamos a falar sobre como ela tem vivido, deixando-se fazer de gato-sapato pelas pessoas que ama, num tremendo esforço para ser amada.

SE A BOMBA NÃO EXPLODE...

Carla nasceu de uma gravidez indesejada. A mãe tentou abortá-la, mas não deu certo. A gravidez continuou e ela veio ao mundo. Ela tem muita energia e, graças a isso, consegue segurar muita coisa em volta. Fez um pacto inconsciente com a mãe: segurá-la, ser "mãe" e serva, renunciar aos direitos de filha e criança (inverter os papéis, crescer antes da hora), não dar trabalho nenhum; pelo contrário, resolver problemas, ser útil à mãe, à irmã e à família. Sua irmã, um ano mais velha, casou-se e teve dois filhos. Carla também servia a essa nova família. Era o *poodle* de todos. Gato-sapato. Aos 36 anos ainda não se casara. Namora um homem casado, que faz dela gato-sapato, a seu modo. Morou com a mãe até três anos atrás. Foi um verdadeiro parto conseguir mudar-se para sua casa, ter um pouco de vida própria. Sofreu todo tipo de ameaças e chantagens afetivas da mãe. Mas conseguiu. A partir daí, amadureceu; começou a querer mais da vida. Passou a desejar, a sentir que tem direito à vida, que a vida é dela, já pagou suas dívidas por ter nascido fora de hora...

O *poodle* não aguenta mais ser desrespeitado. Ele quer ser gente, relacionar-se em igualdade de condições. E não sabe como fazer isso.

Esse sonho confirmava que Carla temia se assumir como gente, de deixar de ser cão e serva, mas tinha consciência de que seria necessário distinguir a fantasia da realidade e se recolocar na vida como um ser inteiro, humano, nem cachorro nem cavalo (como acontecia também em outros sonhos).

— Por que o *poodle*-bomba usava um recurso tão drástico? — perguntei.

— Não sei... Isso me faz lembrar os homens-bomba palestinos, aqueles guerrilheiros suicidas...

— De fato, é um cachorro-bomba o tal *poodle* do seu sonho. Tal qual. E por que você acha que alguém faz isso?

— Porque não dá pra fazer de outro jeito... Ele também vai morrer...

— Pois é. E você é capaz de imaginar o que esse *poodle* sente?

— Não...

— Chuta aí! Que emoções pode ter esse *poodle*?

— Raiva? — ela arrisca.

— O que você acha? Tem alguma dúvida de que raiva é parte do coquetel de emoções desse *poodle*?

— É. Ele sente raiva, mas tem medo também. Não pode... (A mão faz o gesto de jogar a bomba.)

Eu acompanho o gesto. Meu olhar revela o gesto e ela ri, tomando consciência do significado, e continua:

— Jogar a bomba não dá. Que aí explode tudo. De fato, percebo agora que eu ando com tanta raiva, tanto ódio... Me pego tendo atitudes sádicas de repente.

— A raiva está saindo pelo ladrão...

— E por que o *poodle* fica chateado quando alguém tira a bomba de seu rabo? — ela pergunta.

— O que você acha? — eu devolvo.

— Porque fica tudo parado, a bomba não explode, a coisa não muda...

— E ele não aguenta mais — acrescento.

E faço mais uma pergunta:

— Você tem ideia de quando, em que momento, lá na sua família, alguém te tira a bomba que está prestes a explodir?

— Não sei... Às vezes eu quero brigar. Achar um jeito de brigar...

— Pois eu acho que é quando sua mãe te telefona e fala, com voz de vítima, que você ficou pouco com ela, que você já não é a mesma. Justo você, que a levou ao médico três vezes na semana, almoçou quatro, ouviu-a por quatro, cinco horas... E você, que deu muito de seu tempo e energia, sente raiva daquilo. Tenta dizer, timidamente, que não é verdade, que esteve lá anteontem, que tem de trabalhar... Então, toma coragem e diz algo mais forte: que precisa viver a sua vida, ter amigos, que espera que ela entenda isso... E aí, em vez de bancar o confronto ao te ver mais corajosa, ela recua e diz que só está dizendo aquilo porque te ama demais, porque você é a vida dela, que é só por amor... Depois, ela desarma a bomba, e você não consegue mais se defender. Enfia o rabo entre as pernas e sacode o rabinho, fazendo o que ela espera: que você, como um cãozinho, fique feliz somente porque seu dono lhe fez um afago. Mesmo que te chute dali a pouco. *Poodle* é para isso mesmo! Ou não é?

ENTRE ENCARAR OU DESTRUIR-SE

Carla está tocada. Chora. Reconhece sua situação. Deixa de ser superficial. Começamos a falar a sério e ela conta como o *poodle* é maltratado pelos sobrinhos. Diz que mostra isso aos adultos, mas eles retrucam que não tem importância, que as crianças são assim mesmo e, embora machuquem o cão, é coisa de criança, carinho. Dizem que aquilo é amor e que o cão deve ficar grato. E pronto. Assunto encerrado...

Lembro-lhe que a atitude de desmontar a raiva, deixá-la escoar pelo ladrão (usando palavras mordazes, ironias ou resmungos – todos recursos incompetentes), já está incorporada, tornou-se um comportamento típico dela, independentemente de ser provocada também pela mãe, pela irmã ou pelo amante. Carla não sustenta a própria indignação por muito tempo; em outras palavras, a raiva sai pelo ladrão porque a torneira oficial, a expressão clara e construtiva da raiva, está entupida. E, assim, a energia desse impulso poderoso vira bomba que implode em vez de se tornar um instrumento para alavancar uma solução eficaz para a situação. Essa postura constitui o verdadeiro problema e também o único que ela pode resolver, uma vez que mudar os outros não é de sua alçada. Precisa mesmo sair desse lugar de vítima, mudar sua forma de estar na vida e resolver os seus medos.

A conversa ganha profundidade. Foi dada a condição para ela dar uma alavancada na direção de mais uma mudança significativa, sair desse lugar de *poodle*, não ter de ser suicida e destrutiva para ganhar a liberdade. Encarar seus medos. Quais são eles? Agora ela me parece mais pronta a encará-los. E olha que não são poucos. É o medo de ser rejeitada – pela mãe, pela família e pelo amante casado, que só lhe dá as sobras de tempo e de afeto –, de perder as migalhas afetivas do que tem vivido, de não aguentar mais essa vida. O medo da vingança destrutiva da mãe.

— Tudo bem, coragem — eu digo. — Quais seriam as formas possíveis dessa vingança? Encare agora, sem medo. Esse é o primeiro passo para sairmos de uma chantagem.

— Uma forma seria ela romper de vez a relação comigo, como já insinuou algumas vezes. Outra, seria se suicidar... Ou somatizar e morrer, como quase fez quando eu saí de casa...

— Puxa, isso é jogo pesado! Você se dá conta disso? Tem consciência do que está dizendo?

Nesse momento eu a chamo para ter coragem de olhar a situação com a seriedade que ela merece. Nesse caso, a mãe se tornaria uma mulher-bomba, destruindo-se para destruir a filha... Jogo pesadíssimo. E, infelizmente, pelo perfil psicológico da mãe de Carla, penso que isso teria, sim, alguma chance de ser verdade... Sou obrigada a concordar com Carla. Embora nós duas nos lembremos de que isso, por sorte, não acontecera numa ocasião-chave, quando Carla saiu de casa. A mãe ficou na UTI por 20 dias, mas não morreu. Foi grave, mas foi um marco. A mãe conseguiu seguir mais sua parte construtiva e amorosa, e o egoísmo e a vingança definharam. Venceu a vida.

Enfim, fomos por aí. Por um caminho de muita profundidade. Uma alavancada para a evolução. O desarmamento do comportamento suicida-destrutivo que se armava em Carla como única saída que ela via para defender sua dignidade humana. Como aqueles homens-bomba do Oriente Médio. Às vezes, parece que dignidade vale mais do que a vida, e a morte está a serviço da vida. Não estou defendendo os homens-bomba de modo geral. Estou dizendo, ou melhor, o sonho está dizendo que se Carla não encontrar outra forma de recuperar sua dignidade humana, sua liberdade de ser, não lhe restará outro caminho senão a destrutividade. O outro caminho é a coragem de encarar seu estilo de vida, as dívidas assumidas ao longo da vida, desde o útero, e decidir quais deve mesmo pagar, em que moeda, e quais deve renegociar. E identificar as falsas dívidas, a loucura programada, para ter coragem de fazer outros contratos, assumindo as perdas necessárias e inevitáveis. E entrar de novo na vida, renascer, livre, e não escrava.

Carla está num momento de muita transformação. E num ponto delicado, que exige cuidados. É como atravessar um caminho por uma ponte estreita sobre um precipício, sendo esse caminho o único para chegar onde se quer.

Alguns sonhos mapeiam muito bem essa situação, sinalizam o caminho, mostram pontos de perigos, direções a evitar, e ainda apontam a direção que leva a saídas construtivas. Este é um exemplo de um sonho assim.

Sonhos que antecederam este prepararam o caminho para Carla chegar ao ponto em que estava, que se configurava como um ponto de virada ou a morte – entenda-se morte em si, seja pela somatização que resulta numa doença grave, num vício como o alcoolismo (como o pai), ou então a morte afetiva, a desistência, aceitar virar *poodle* pelo resto desta vida. Portanto, um beco sem saída, como o sonho desta noite preconiza, alertando para o perigo.

DOIS CAVALOS INDÓCEIS

Eis um desses sonhos em busca da consciência e da cura:

— Avistei dois cavalos, lindos, fortes, livres. Exuberantes de potência. Correm, saltam, cheios de beleza e dignidade. Era uma delícia vê-los. Vinham em minha direção. Isso era bom. Vinham para mim. Mas, de repente, vi que tinham de atravessar uma estrada. E estavam entrando nela sem titubear. Já cruzavam a estrada, e isso me preocupou: podiam ser atropelados.

Após o trabalho com esse sonho, vimos que Carla reconhecia-se como uma pessoa com características dos cavalos. Potente, forte, livre em sua natureza mais profunda. E essa Carla cavalo de raça (em outros sonhos ela era cavalo de carga) cruzava a estrada.

Cruzar a estrada. Carla associa isso com ir na contramão, rebelar-se contra regras com as quais, no fundo, não concordava. Fora criada para seguir os *scripts* da mãe, realizar seus projetos. Traíra até o pai para cumprir esses pactos inconscientes com a mãe, ficando sempre contra ele e a favor dela. Mas o pai, por sua vez, não a ajudou em tudo isso. Não teve forças para enfrentar a esposa quando ela exercia uma liderança autoritária na família; não defendeu a filha. Submeteu-se, vingou-se da mulher tendo amantes e entregando-se ao alcoolismo, que o matou prematuramente: não enfrentou nem tentou modificar aquela lei injusta do princípio feminino doente, tornando-se assim um guerrilheiro triste e suicida. Carla ficou só e submeteu-se também. Tornou-se burro de carga. Mas agora seus cavalos gritavam por liberdade. Estavam soltos. E não seguiam a estrada traçada pela maioria – a mãe, os patrões, todos os donos do *poodle*.

Os cavalos do sonho não eram burros de carga. Eram cavalos de raça, queriam cavalgar por seus próprios caminhos, corriam em direção ao ser humano, à Carla do sonho, a quem demonstravam amar pela relação de respeito mútuo, de solidariedade e colaboração entre seres diferentes, com funções variadas, sem implicar ser mais, ter mais valor do que o outro. Respeito mútuo. Esse era o *script* simbolizado pelos cavalos livres e fortes; era o projeto de vida de Carla, que agora se recusava a viver carregando (ombros tensos, doloridos) projetos alheios. Já sabia que agradar aos outros, carregá-los nas costas, não era uma relação de amor. Era submissão. Era medo de não ser amada, de não agradar. Era não se bancar.

UM MÊS DEPOIS, OUTRO SONHO

Dois cavalos de novo, lindos, cheios de força e vitalidade. Como os do sonho anterior. Mas dessa vez eles estavam presos num espaço restrito, inquietos, ansiosos por liberdade. Estavam na área de serviço (servir, submeter-se, escravizar-se) do apartamento de Carla. Um espaço minúsculo para eles. E a porta estava fechada! Eles não tinham como sair. Esse espaço da área de serviço que prende os cavalos ela associa ao útero. Um útero que escraviza, que prende, que quer apoderar-se da cria como parte de si mesmo. A sua própria vivência do útero materno! Carla olhava-os da cozinha – um lugar associado a alimentos, transformação, simbolizados no corpo pelo abdômen, também lugar de transformação.

Preocupada, olhando os cavalos presos, Carla acorda. Nós duas ficamos preocupadas com esse sonho. Ela está muito deprimida. Sabe que precisa mudar sua vida. Precisa ampliar seus espaços. Precisa nascer.

Carla nasceu de parto cesariano. Sua mãe não teve dilatação do colo do útero. Então, na cesárea, alguém de fora abriu a porta e lhe deu liberdade, livrou-a daquele espaço minúsculo no qual já não cabia, e, se não saísse, ele seria seu túmulo. Carla comenta um aspecto do sonho que lhe chama a atenção, um foco forte que domina a cena: os cavalos estão voltados para a porta e arranham o chão com as patas, ansiosos para que a porta se abra; querem sair a qualquer custo. Mas ela acorda sem ter conseguido fazer nada, sem ajudá-los a abrir a porta. Parece que, no sonho, ela não podia fazer isso. Sabia que a porta estava trancada e os cavalos, sozinhos, não saberiam abri-la... Como ela, os cavalos esperam uma cesárea, alguém que os faça nascer.

OS CUIDADOS DE UM SEGUNDO PARTO

O sonho insiste que está na hora de "nascer de novo", deixar um mundo onde ela já não cabe e encarar a vida lá fora. E mostra que Carla, nascida de cesariana, não tem a marca de que, forçando um pouco, a porta se abre, como num parto normal. Dessa primeira experiência de vida ela guardou um padrão de resposta que é a inutilidade de forçar certas situações, de que, sem a interferência de terceiros, morrerá asfixiada. Ficou gravada em seu corpo, em suas células, aquela verdade antiga, aquele padrão – as portas não se abrem para mim por um gesto meu; não consigo tocar o outro, fazer que responda; não sei como começar algo, acionar o motor de arranque, destrancar portas, achar chaves.

Ao viver um grande aperto, ela corre o risco de ficar paralisada à espera de um parteiro, ou de uma energia paterna, de alguém lá de fora, que se preocupe e cuide dela e a resgate, abra-lhe a porta. E, no seu caso, nesses momentos surge a angústia advinda da dúvida quanto à capacidade e à disponibilidade da figura paterna, que na sua vida foi uma presença distante e fraca, embora não ausente, deixando dentro dela, em sua personalidade, uma sensação de solidão, isolamento, um potencial que, num momento crítico, pode transformar-se em desespero ou desistência da vida. É como estar em perigo, presa num quarto escuro, sem saber se alguém lá fora tem consciência e se preocupa com o que sucede com ela. É uma pergunta sempre pairando no ar, suspensa, em todo lugar, em lugar nenhum: será que ele, meu pai, vai enxergar meu aperto e terá a coragem do gesto preciso para me socorrer? Ou estou aqui sozinha, isolada, sem contar com ajuda de fora, do pai, do grupo – daquilo que podemos chamar de princípio paterno –, o terceiro que testemunha e age quando a situação é limite e somos vítimas indefesas.

Uma tarefa importante de nós duas, Carla e eu, na relação terapêutica, é conseguirmos uma transformação nesse padrão de funcionamento em que ela tem vivido; precisamos criar uma relação que ofereça um campo onde essa transformação possa ocorrer. Uma condição essencial é que eu (o outro de si para ela) consiga ser flexível e responsiva a seus movimentos. Não devo saber como forçá-la, mas abrir-me, dar passagem, até empurrar às vezes, com delicadeza e firmeza, como um útero sabe fazer na hora do parto. Preciso ficar atenta, sobretudo, para o caso de nada disso funcionar e uma cesariana, uma interferência mais forte, tornar-se necessária.

O sonho avisa, dá consciência de determinada situação, suas chances e perigos. Ele indica também a direção da saída. Diz que há um tempo de espera, mas que não dá para ficar paralisado indefinidamente. Que é hora de atuar.

Semanas depois desses sonhos com cavalos ocorre o sonho com o *poodle*. É ele que sugere um mapa mais nítido do que precisa ser transformado para que a porta seja aberta para uma nova vida.

DIZER TUDO, LAVAR A ALMA

Alguns meses depois, Carla está em outro momento de seu processo de reorganização pessoal e conta um sonho que veio depois de uma experiência muito forte. No carnaval, dias escuros e úmidos, a chuva caindo torrencialmente sem parar, ela decidiu ficar sozinha em casa, quase sem contato com o mundo lá fora. Sentiu que precisava passar por essa experiência, ficar só. Sabia que eu estava na cidade e disponível, se ela precisasse. Sentia que não adiantaria chamar ninguém. Era hora de ela mesma fazer alguma coisa. E algo lhe dizia que estava madura para o gesto fundamental necessário para sair daquela calmaria insuportável em que estava a sua vida, embora não soubesse bem qual fosse o tal gesto.

Foi uma vivência emocional intensa; ela questionou tudo, inclusive a terapia. Sentiu raiva, tristeza e muitas coisas às quais nem nome sabia dar. No quarto dia, chegava a uma situação de clímax, a cabeça pesava, "a coroa da cabeça, uma pressão insuportável aqui", ela explicava, passando a mão no topo da cabeça.

Naquela noite, foi dormir sentindo que algo precisava acontecer dentro de si, no mais profundo do seu ser. Não aguentava mais. E aí teve um sonho que mudou tudo. Acordou incrivelmente aliviada. E nem sabia bem os detalhes dele. Só que passou a noite inteira "quebrando um pau danado" com a mãe e a irmã:

— Não sei dizer com clareza como foi. Sei que eu brigava com minha irmã, dizia tudo que queria, lavava a alma. E minha mãe interferia, como sempre, porque ela não tolera que a gente brigue. E aí eu briguei com ela também, falei tudo. Parece que eu e minha irmã estávamos numa jaula, algo assim... Não sei. Mas resolveu. Acordei diferente, aliviada. O topo da cabeça estava aliviado. Eu sentia alegria de viver. E, por incrível que pareça, o sol brilhava de novo depois de tantos dias de chuva. O dia estava lindo lá fora. Fui trabalhar e recebi a notícia, tão esperada e tão demorada, de que eu havia sido transferida para a função que eu queria, para o lugar que eu almejava. Parecia que ocorrera uma passagem importante, uma vida nova, uma abertura.

Comentei que algo nessa experiência lembrava um parto. Fechada no seu apartamento, como os dois cavalos do sonho anterior, os dias escuros e chuvosos, a sensação de estar aprisionada, a necessidade de sair. E o topo da cabeça sob pressão, como certamente ficara durante o trabalho de parto, quando o útero se contraía e a empurrava, e o colo uterino não se abria, não dava passagem.

Enquanto eu falava, Carla me olhava com seus grandes olhos violeta, radiantes e bem abertos. Passou a mão no topo da cabeça...

— É mesmo — ela concordou. — Um parto diz muito. A sensação depois do sonho, naquela manhã, me lembrava um orgasmo, uma descarga. Mas parto me diz mais porque havia a pressão, o aperto. E acho que isso faz sentido, porque dessa vez eu queria ficar sozinha e nem você eu chamei. Eu sabia que você estava disponível, mas eu não queria. Acreditei que dessa vez era comigo. Como se eu precisasse quebrar algo, arrebentar, mas com minhas próprias forças.

— É que você nasceu de parto normal dessa vez. Fez força e coroou. Sabe que quando uma criança nasce a gente diz que ela coroou? É quando a cabecinha aponta na vagina. Fiquei surpresa quando você usou esse termo! E nós estamos falando de parto e de orgasmo. Na verdade, os dois têm algo em comum, pois nos dois casos há uma enorme descarga e, ao mesmo tempo, uma grande expansão para as duas pessoas envolvidas na experiência...

— Que interessante. Eu de fato me sinto em outro lugar, numa etapa nova. Sinto em mim uma intensa energia, me sinto mais livre. Esse sonho em que briguei à vontade com minha mãe e minha irmã me fez um bem enorme.

— Foi um sonho de cura. Completou um processo que vinha vindo. E certamente o *poodle* agradece. E os cavalos, nem se fala!

Ela ri, lembrando-se dos sonhos anteriores, e diz:

— Agora nada de bomba no rabo do *poodle*! Dessa vez deixei explodir, com minha mãe e minha irmã. Superei meu medo das duas. A relação com elas está mais justa, mais equilibrada, me faço respeitar.

— E equilibrou até sua relação comigo. Questionou a terapia. Sentiu-se no direito de questionar as coisas. Chega de só ser boazinha, não dar trabalho, como na infância. Isso me diz que você está confiando mais em nossa relação e em si mesma...

— É verdade. Mas também senti uma vontade enorme de vir aqui e comemorar com você.

Seus olhos se enchem de lágrimas e ela vem me dar um abraço. Um abraço forte, intenso. Ali comemorávamos muitas coisas, como nosso encontro como pessoas, que será sempre um dos bons momentos da vida.

O dilema de Marta: mais poder ou mais afeto?

Naquela noite, Marta estava inquieta sem saber por quê. Acesa, alerta, não conseguia pegar no sono. Aceitou o próprio limite do momento: sentou-se na poltrona ao lado da cama, focou o olhar da alma para ver mais profundamente. De que estava com medo? Falta alguma coisa, uma voz dizia. Mas o quê? Dinheiro? Dar duro em busca de *status*, poder?

Não era bem isso. Sentiu que, mesmo que ganhasse sozinha na loteria, nada mudaria de fato. Então começou a olhar mais fundo e teve coragem de admitir: aquela coisa ansiosa, nebulosa, ruim, era mesmo um vazio afetivo, ou melhor, mais do que isso, um vazio existencial. Tinha de admitir. E daí veio aquela vontade de chorar, a volta da profunda tristeza pela dissolução de um casamento, que ainda lhe provocava medo da solidão, tristeza pela perda, por não ter dado certo... Ela não duvidou que o caminho da separação era o melhor, e nessa certeza colocava toda a sua energia. Mas estava fugindo de sentir a tristeza, a dor. E dor negada, medo negado viram ansiedade, que é apenas uma forma mais esparramada de ter medo. Que sempre acaba em medo. Mas a tristeza, a consciência amplificada de si mesma, do seu momento de vida, trouxe paz. A tristeza assumida é um chão, e ela experimentou isso. "Minha tristeza é sossego, porque é natural e justa", já dizia Alberto Caeiro em *O guardador de rebanhos*.

MÁRIO E SUA OBSESSÃO

Marta deitou-se de novo, agora em outro estado de espírito. Pagava o preço justo pelas transformações que fazia em sua vida. Tentar fugir da tristeza, afinal, ficava mais caro, exigia mecanismo de compensações, como aquele surto de ambição e cobiça. Agora sua sensação era de quietude, de estar nas mãos de Deus e poder entregar-se, confiante, ao sono dos justos. Enrolou-se em torno daquele calor interno, adormeceu e sonhou.

No sonho, ela está dormindo em sua cama, exatamente como na situação real. Entra no quarto, então, um amigo dela, que vou chamar de Mário. Ele se aproxima e, bem ao seu estilo, meio brincando, meio falando sério, pega-a com firmeza, coloca a mão sobre seu ovário esquerdo e diz:

— Marta, o que você fez? Você sabe que nós precisamos de você!

A fala de Mário contém uma censura e, ao mesmo tempo, uma expressão de carinho, de afirmação de Marta como uma amiga querida e como esteio espiritual, ou moral, digamos assim, de muita gente.

Marta acorda. A imagem do sonho está pulsando viva em todo o seu ser. Imediatamente compreende (ela é muito boa sonhadora!) o significado: Mário simboliza alguém que, numa época da vida, aos 20 anos, deixou-se engolir por uma ambição desmedida, um movimento de hiperexpansão, de paralisação na expansão, numa ânsia de crescer, de ter o mundo todo e todos os mundos. Vivia numa excitação imensa. Alguns meses depois desse surto de euforia e onipotência, ele teve câncer. Marta o ajudou muito e ele superou a doença. Agora, dez anos depois, ele aparecia em seu sonho para lembrar que fugir da depressão, negar-se a encarar a dor da vida pode levar a pessoa a somatizar essa depressão numa doença grave, como o câncer.

O SUCESSO NÃO ELIMINA LACUNAS

Antes da somatização, no nível psicológico, o sintoma de Mário era aquela fome de ter mais, de se expandir sem parar, na ilusão de ser Deus, imortal, senhor da felicidade, acima dos limites da condição humana. O próprio câncer, em seu movimento básico, repetia essa situação de expansão sem consideração: a célula cancerosa se multiplica sem parar, infinitamente, como se não aceitasse os limites da vida, que é cíclica. A vida se expande até seu limite e depois morre para que outros aspectos, outras vidas, possam nascer. Nada pode ser infinito num mundo finito. A célula cancerosa "não quer saber de nada, de ninguém em torno". Ela se fecha em si mesma e quer crescer e ser imortal a qualquer custo. Não percebe que com isso está matando o organismo que a sustenta. Como alguém que quer vencer sem oferecer muitas considerações.

Esse movimento é exatamente o mesmo que o ser humano está fazendo agora no planeta. Cada pessoa, cada grupo, cada país só quer saber de crescer, de ganhar mais, de se expandir, ficar maior que todos os outros, ter tudo. Não cai a ficha de que o preço desse movimento canceroso está ameaçando matar o organismo que o sustenta, a humanidade, o planeta.

Eu chamaria esse sonho de preventivo. E, ao mesmo tempo, ele já coloca o organismo no caminho da autocura, de uma nova organização, uma nova consciência que amplia as possibilidades. Ele avisa Marta sobre as consequências nefastas de engatar num mecanismo compensatório que é a ambição desmedida. Nesse movimento, Marta encobriria o buraco afetivo, colocaria sobre ele uma tampa, talvez de ouro, sucesso, *status*... E o buraco ficaria disfarçado, mas não desapareceria. Subjacente a ele estariam seu núcleo depressivo desatendido, sua tristeza negada, e ali dentro a química dessas carências todas fermentaria, causaria o apodrecimento. Marta ficaria sem saída, sem condições para as transformações, para a alquimia que viabiliza a cura. Em outras palavras, ela somatizaria essa depressão em um câncer, tal como seu amigo Mário o fizera anos antes.

Em suma, o sonho indica que há um caminho para se reconstruir sobre o deserto interior, a depressão, mas ele passa pela coragem de encarar os temas essenciais da existência humana, recuperar a humanidade plena, a capacidade de amar, começando por amar a si mesmo. Lembrando que amar a si mesmo nada tem que ver com egoísmo; falo aqui da condição de olhar para si mesmo, se reconhecer, sem ficar fechado no seu mundinho, ou voltado para o próprio umbigo, como se diz. É necessário enxergar o próprio nariz, ser dono dele, para com isso ter uma base, um ponto de apoio, um lugar de retorno, um lar, de onde partir para o outro sem risco de perder-se. É a possibilidade de construir relações, conexões, que incluam você mesmo e o outro, seja esse outro constituído de pessoas ou mesmo toda a natureza. Nesse sentido, pode-se descrever esse estado de ser como algo que o liga ao fora de si tanto quanto ao dentro de si, de tal forma que você começa a sentir-se uno com o que está fora, um doce sentimento de pertencer, de fazer parte de tudo – isso é a condição amorosa.

E por que o tal sonho diz que para Marta, nesse momento de sua vida, o câncer seria no ovário esquerdo e não em outro lugar?

Bem, esse é um tema extenso, que não cabe aqui. Mas posso adiantar que o órgão não é atingido por acaso. Exige uma análise mais profunda do sonho e de Marta. Foi o que fizemos na sessão. Apenas lembro que essas coisas não são casuais. A vida tem sabedoria e busca a melhor solução, ou a menos ruim, para cada problema. Para Marta, a somatização em câncer no ovário seria a forma ideal de consumir os excessos venenosos dos processos da depressão negada. Seria a melhor solução, do ponto de vista da economia energética do sistema, para manter o equilíbrio e não deixar romper o manto de ouro que ocultava o núcleo depressivo.

O processo que se iniciou na noite anterior – e teve seu ápice durante o sonho – constitui um movimento de busca da saúde, da autocura. Uma ampliação de consciência, que rompe o fechamento e recoloca Marta no caminho da profundidade de si mesma. A coragem de crescer de verdade, sem inflação, sem truques. Marta banca a si mesma ao aguentar atravessar a angústia e enxergar seu vazio interior. Arrisca-se a entrar nas brumas da depressão e a crer que a luz a espera no fim do túnel. Quebra a onipotência que lhe dava uma falsa sensação de segurança e confia no projeto humano fundamental: ser vulnerável porque sensível, responsivo, aberto. Ela aceitou ser tocada pela vida, pelas experiências. Reconhece a si mesma como de carne e osso, humana, e não blindada, uma máquina de ferro. Não tem mais medo de chorar. E seu organismo lhe dá, generoso, a resposta: mais consciência, mais luz. Permitiu assim que seu corpo acionasse todo seu potencial de autocura, do qual o sonho faz parte. Suas células não precisavam mais fabricar o tempo todo a química da euforia, viciada que estava em adrenalina e outras substâncias que promoviam as emoções da sensação de ser invulnerável, supergente, super-humana. O choro lhe devolve as substâncias das emoções antiestresse, um coquetel de alívio e paz de não *ter de*, de só ser, simplesmente, e de chorar e se enrolar em si mesma, inteira, como num cobertor de afeto, de boa companhia.

Ela já não estava só. Tinha a si mesma. Tampouco estava isolada, sem conexões, laços afetivos; Mário pôde visitá-la naquela noite, no sonho, acionando de novo as emoções vitalizantes da amizade, da cooperação, da solidariedade. Ela se lembrou de quem era de fato, no seu ser mais profundo. Pôde iniciar um processo de largar mão de besteiras, de sustentar ibopes, imagens, aplausos, poder dirigido a coisas vazias, que não constroem a vida. Conseguiu fazer de novo conexão com o campo espiritual, um vasto oceano de luz, energia, amor que a penetrava e a circundava de todas as direções, um enorme abraço universal. Começou a sentir que poderia amar de novo, abraçar, ser solidária. Suas células agora tinham condições de se lembrar de sua identidade com toda a vida, sua irmandade com todos os seres. Ela quase já podia sentir de novo que pertencia, que fazia parte de tudo, e que cuidar da vida, em si mesma e nos outros, era o caminho para preencher o vazio existencial, a busca de aprender a amar.

DOIS FILMES PARA PENSAR

Um câncer à vista, uma fuga de si mesmo pelo sucesso? Por vários motivos, a história de Marta me remete a um filme do diretor canadense Denys Arcand, *As invasões bárbaras*, lançado no Brasil em 2003, tremendamente rico, a meu ver, em reflexões para todas as eras e todas as vidas.

O filme retoma, 15 anos depois, os mesmos personagens de outro filme de Denys Arcand, *O declínio do império americano*, que mostra um grupo de amigos preparando um jantar entre comentários inteligentes sobre tudo e todos, enquanto suas mulheres malham numa academia. A conversa dos homens gira praticamente em torno de pornografia e sexo. Vivia-se em plena era da euforia da liberação sexual. Um tempo de inchaço de alma, de egos exaltados, paralisados na pura expansão de si mesmos, travando esse movimento complementar e natural da vida que é recolher-se, entrar em contato consigo mesmo, tomar consciência de si e processar os sentimentos difíceis, tais como tristeza, remorso por sofrimentos que causamos nos outros.

Um tempo, enfim, em que o egoísmo reinava solto e era exaltado, confundido com individualidade. Todos os membros daquela elite intelectual retratada nos filmes tendiam a se sentir "os deuses deste mundo", inteligentes, bonitos, bem-sucedidos. *Sexies*! Os grandes ideais dessa gente, a forte capacidade intelectual, a liderança, tudo isso só aumentava a ilusão de que algumas pessoas podem estar acima do bem e do mal.

As conquistas dessa geração foram maravilhosas, sem dúvida alguma. Quebraram padrões disfuncionais, romperam amarras asfixiantes de nossa cultura, abriram caminhos e possibilidades para as gerações vindouras. E naquele momento talvez tenha sido inevitável pagar o preço de negar aspectos essenciais do próprio ser, a afetividade mais profunda, por exemplo, os valores da alma, a vida interior. Tínhamos, quem sabe, de meter mesmo o pé na porta, arrebentar crenças e medos arcaicos que limitavam nossa liberdade de ser. Mas, com certeza, está na hora de nós, como humanidade, repararmos esses estragos, os excessos, e restaurar a harmonia.

No centro dos dois filmes, especialmente Rémy, um professor de história, liberal e brilhante, protagoniza como ninguém esse estado de paralisação espiritual na pura expansão narcisista. Ele se vê como alguém que pode tudo: ser casado e solteiro ao mesmo tempo, burlar no jogo do amor, mentir, trair, buscar sem remorsos o melhor de todos os mundos. Ele insiste na superficialidade de continuar negando a própria tristeza e a dos outros. A qualquer custo, ele precisa estar sempre feliz e potente, mesmo quando esse custo é o de negar-se e negar os outros, criando assim apenas um arremedo de felicidade e de potência.

Excessos, como disse, talvez inevitáveis, de um momento de euforia e autoexaltação egoísta. O que importa é acordar, e Rémy demorou. Ficou grudado no inimigo externo, criticando brilhantemente as mazelas da sociedade capitalista sem nunca mergulhar um minuto nas sombras de seu próprio interior. Não cuidou de equilibrar as coisas de dentro, entrar em contato com suas emoções, seus sentimentos mais profundos. Com isso, intelectual brilhante, tornou-se um ignorante afetivo. Literalmente: ignorava a dor do outro e mesmo a sua própria. Não enxergava as consequências de suas ações nem mesmo em seus filhos e na sua mulher, sua companheira de vida. Tornou-se um fazedor de discursos. Tinha sempre o que dizer e dizia a torto e a direito. Era inteligente, brilhante, mas não ouvia, não via ninguém. Ficava fechado em seus discursos. Nesse sentido, não "con-versava" mais – não versava junto com o outro, não chegava à poesia de nós-dois. Não foi capaz de pagar a conta da evolução, que é bancar-se inteiramente, com todos os prejuízos, tristezas, decepções e raiva que uma sincera revisão pessoal acarreta.

Então essa realidade negada cresceu até perder o controle e, no afã de expressar-se, o fez por meio do sintoma – a doença que agora, em *As invasões bárbaras*, o está levando à morte: no segundo filme, 15 anos depois, está no hospital à beira da morte, vítima de um câncer terminal no fígado. Ele então se dá conta de que está morrendo. E só. A juventude fora embora e, com ela, as amantes e aquela vida solta. A cabeça ainda cheia de ideias, mas o coração está vazio. Resta-lhe voltar-se para dentro de si mesmo, encontrar os outros de verdade, fazer a viagem que faltava. Deixar-se invadir por questões internas que sempre rejeitara.

Ao comentar na TV a destruição das Torres Gêmeas naquele fatídico 11 de setembro, um analista diz que "desta vez a invasão atingiu o coração do império: a batalha agora é aqui dentro!"

Também no caso de Rémy, a invasão veio de dentro do coração, do cerne dele mesmo. Barbaramente, por meio de um câncer.

ESSA BÊNÇÃO, A AMIZADE

Em sua volta, a ex-mulher e os amigos, todos intelectuais, revolucionários de esquerda, ativistas políticos dos anos 1980. Como eles mesmos dizem, "fomos tudo, todos os ismos", do comunismo ao feminismo, passando por todos os demais. A amizade é um tema importante na história narrada. O filme todo é um belo hino à amizade entre companheiros de luta por ideais, com quem se reparte o pão da vida, as alegrias e as tristezas, aqueles que acabam constituindo uma verdadeira família que a pessoa vai construindo ao longo da vida, mais forte, às vezes, que os próprios laços de sangue.

Rémy tinha muita energia, um vigor que irradiava entusiasmo, nutria seus empreendimentos sociais e intelectuais e frutificava em suas amizades. Disso restou uma herança que pôde colher em seus últimos dias, quando, reunidos por seu filho e sua ex-mulher, os amigos conseguiram parar o trem do cotidiano para fazer-lhe companhia nos últimos momentos.

Não vamos demonizar Rémy. Mais que um vilão, ele é simplesmente um egoísta, e pronto. Reúne muitas qualidades humanas importantes. A inteligência, sem dúvida, a capacidade crítica, a cultura, especialmente o conhecimento da história da humanidade, que lhe confere instrumentos profundos de análise do mundo. Além disso, algo muito valioso, que lhe deu amigos e relações duradouras até o último instante – amor à vida, uma vitalidade pungente que nutria o próprio Rémy e todos de quem se aproximava. Um canal desse seu amor à vida era a sexualidade; ele amava as mulheres e, para além da banalização que fez do sexo, havia também algo de verdade na sua forma vibrante de brindar a mulher e a sensualidade na cama, na mesa, na vida. Isso chegava a tudo e a todos à sua volta, e vinha junto com seu humor e sua capacidade de brincar e se dedicar. Talvez por isso sua herança para os filhos tenha algo de sólido, que vai permanecer para além dos dissabores e sofrimentos que a sua promiscuidade sexual causou. Por isso, talvez, a mulher, Louise, o ame e cuide dele até o fim, e possa dizer sinceramente que ele era o homem da sua vida.

O filme traz outros personagens muito ricos.

SÉBASTIEN E GAËLLE

Sébastien, filho de Rémy, um jovem bem-sucedido e inserido no contexto da sociedade capitalista que o pai tanto criticou, vem de Londres para socorrer o pai e ampará-lo no momento da morte. Ele é testemunha pungente do egoísmo do pai, da sua indiferença e distância em relação às pessoas reais da família. Rémy sempre foi infiel à sua mulher e se orgulhava disso. Não tinha ressonância à sua dor ou à dos filhos. Não conseguia se interessar de verdade por ninguém; alimentava-se de suas ideias, de glórias passadas, de seu ego. Seu brilhantismo intelectual nada tem a lhe oferecer na hora da passagem da morte.

Sébastien não demonstra a mínima admiração pelo vale--tudo erótico que foi a vida do pai. Gaëlle, sua noiva, também discorda dessa visão do amor, em que os casais se separam a torto e a direito e a família se desfaz assim que os hormônios da paixão entram em crise. A cena em que ela, menina, se joga na frente do carro do pai após a visita dominical para impedi-lo de ir embora é particularmente tocante. Agora, para Gaëlle, casamento é, *a priori*, para toda a vida. Ela não quer expor seus filhos àquela dor insuportável que atropelara sua infância.

NATHALIE, DOMINIQUE, LOUISE

Penso que Rémy é um personagem que exemplifica bem o valor e as limitações do movimento que se reduz ao puramente intelectual, deixando de lado o afetivo e o espiritual. Na hora da morte, por exemplo, ele se vê menino, desamparado, despreparado para essa experiência humana. É Nathalie, uma mulher jovem, filha de sua amiga e ex-amante, que vem ajudá-lo.

Nathalie é outra personagem interessante. Teve uma infância sofrida, exposta aos excessos da promiscuidade sexual da mãe e de seus inúmeros amantes. É viciada em drogas, fracassada e marginalizada pelos valores da cultura sob o prisma puramente social. Sua mãe, como Rémy, ficou tempo demais aprisionada na sua própria superficialidade, na indiferença, no egoísmo. Ao longo do filme, porém, essa jovem que se recusa a qualquer custo a entrar no mundo "objetivo", "lógico" dos pais e da cultura é quem vai conseguindo acessar suas próprias emoções, sua afetividade. Assim, curiosamente, ela vai se tornando uma liga, um ingrediente que faz diferença, que conecta, que viabiliza encontros, contatos mais verdadeiros entre algumas pessoas e delas consigo mesmas. Ela exerce uma influência positiva sobre a mãe, sobre Rémy e também sobre Sébastien, que é o protótipo do jovem "perfeito", rico e bem-sucedido, mas meio embotado em sua afetividade. É ela quem dá a Rémy algo para que ele não parta de mãos vazias para a última viagem. Com Nathalie ele pôde, finalmente, conversar de verdade sobre seu medo, seu vazio interior, seu despreparo. Com ela Rémy faz sua autocrítica, busca a consciência de si e do mundo. Ele chega a confessar: "O importante mesmo é achar o sentido da vida, estou perdido, tenho medo, nada sei..."

É curioso como justamente uma pessoa marginal, alguém que não consegue seguir a lei da indiferença e do egoísmo da cultura do momento, é quem encontra com mais facilidade o caminho para si mesma e para o outro – o caminho do amor, a saída do isolamento. Ela é o outro polo e também a possibilidade de compor, de equilibrar o outro vício, o da lógica fria e indiferente, o racionalismo limitante, sufocante. Ao contrário de Rémy, ela não tem discursos a fazer. Mas tem algo valioso, exatamente o que falta àquele intelectual cheio de ideias e coisas a dizer: ela ouvia! Ouvia de verdade, recebia o outro, acolhia. Nesse quadro, ela foi se montando como o princípio feminino, o espaço de acolhimento onde o outro pode se sentir. Sabia entrar em sintonia com o tom do outro, ressoar, vibrar com ele. Ela fazia uma pergunta e de fato queria escutar a resposta – não era uma pseudopergunta, ou apenas um pretexto para poder recitar sua fala, fazer seu discurso. Ela ia até o outro e caminhava junto, ao lado, facilitando o *insight*. "A vida que você não quer largar", disse a Rémy, "é a vida que teve na juventude, não esta de agora. E aquela já acabou faz tempo, é passado!" Isso fez todo o sentido para ele, iluminou sua alma, ajudou-o a partir. Ela tinha humildade, humanidade e humor – três "Hs" fundamentais!

É possível que o maior bem de Nathalie, a sua sensibilidade, que não encontrava resposta no mundo racional do sucesso e do poder, tenha sido exatamente a causa de sua ruína no passado, busca das drogas para nutrir sua necessidade de contato, de intimidade, de preenchimento de sua alma. Aos poucos, tendo recebido de Sébastien uma dose de amor e cuidado verdadeiros, ela parece acreditar que poderá encontrar essa essência que preenche o vazio interior em outras coisas que não a droga. Aceita curar-se da dependência e ficar a sós com ela mesma, buscar dentro de si o que antes pensou encontrar no êxtase quase espiritual da primeira dose – montar o dragão, como se dizia, dançar com o Senhor da Dança e experimentar a energia essencial, Deus.

Uma personagem de *As invasões bárbaras* que indica esse caminhar rumo a maior integração amorosa é Dominique, uma intelectual típica dos anos 1980. No primeiro filme, *O declínio do império americano*, ela está publicando um livro cujo título já diz muito: *Variações sobre a ideia de felicidade*. Ali destila uma amargura profunda que no novo filme já parece superada. Agora ela se mostra mais doce, mais humana. Aliás, a bem da verdade, já no filme anterior essa personagem, apesar de amarga, revela uma lucidez e uma consciência agudas. Naquele momento, sua função é ser a consciência do grupo. Levanta questões, coloca a pergunta essencial. Sua amargura incomodava, mas despertava a consciência, avisava dos perigos que seu olhar menos míope enxergava à frente. Penso que sua lucidez, por si só, já garantiria um bom prognóstico de sua evolução como pessoa. Como consciência do grupo, não negava a realidade, não brincava de euforia, não se drogava, permanecia lúcida. Enxergava a decadência sem cair na euforia compensatória. Sustentava emoções difíceis, como raiva, amargura, desilusão e vazio. Às vezes não tinha com quem conversar. Por enxergar à frente de seu tempo, ficava sozinha. Então escrevia livros, contava ao papel suas percepções, plantava sementes de consciência.

Assim, em *As invasões bárbaras* restou muita coisa boa – a amizade, o amor para além das paixões. Diante da morte iminente do ex-marido que a traiu e a humilhou tanto, Louise o perdoa e fica com o essencial em solidariedade e amor. Ficou com aquilo que de fato contava quando saiu da superficialidade e da inconsciência que a caracterizaram na juventude, quando preferia ser cega e tola a enxergar as traições do marido, mantendo a qualquer custo a idealização de um homem fiel e de um casamento perfeito, expondo-se socialmente ao ridículo pela atitude fútil e desqualificadora do marido, e ferida em seus pontos mais sensíveis, mais doloridos. Ela consegue sair da ingenuidade. E sua capacidade de amar agora é mais real. Essa força permite ao filho reconectar-se também com sua própria capacidade de amar e perdoar; acessar sua afetividade, sua possibilidade de carinho. E de novo é Nathalie, a moça drogada, quem abre caminhos novos em direção a mais riqueza interior; é ela quem ajuda Sébastien a libertar-se da sua estreiteza, a voltar a rir e a brincar. A aceitar que Nathalie jogue no fogo seu celular de jovem executivo que nem na morte do pai para de fazer negócios, ficando grudado ao aparelho como um bêbado à sua garrafa.

REFLEXÕES FINAIS

O que achei mais enriquecedor no filme foi o fato de que a análise que se faz das coisas não é linear, certo-errado, mas algo complexo, com várias dimensões concomitantes, com muito mais condições de abarcar a vida, que tem sempre direções e movimentos infinitos: tantos quanto cada um consegue apreender. A pobreza está em nós, na nossa capacidade de percepção, e não na vida. Está em nossa própria limitação. A realidade é como uma morada de infinitas janelas. Tem gente que só sabe, só consegue olhar através de uma delas (tudo ou nada, certo-errado), e passa toda a vida parada diante daquele único e conhecido ângulo, por insegurança, medo, falta de estrutura emocional que viabilize um mover-se sem perder-se. Ampliar consciência, evoluir é abrir-se para olhar através de outras janelas, quebrar hábitos e visões estreitas, atualizar valores. A isso eu chamo tornar-se mais complexo, mais consciente. Mais consistente.

    Claro que essa geração fez avanços. Seus integrantes mudaram valores, questionaram verdades mofadas que estavam paralisando a humanidade na contração – a negação da sexualidade, a proibição de questionar as autoridades morais, as regras sociais asfixiantes... Era a revolta contra a cultura que massificava, que pasteurizava as pessoas, que lhes tirava a capacidade de pensar por conta própria, de buscar em si mesmas, no próprio cerne, as referências que indicam os caminhos na vida. As proibições e o moralismo foram devidamente derrubados, muitas instituições disfuncionais foram desmontadas, como as religiosas a serviço da manutenção do poder, do domínio e da submissão das pessoas. Muito bom. Mas o padrão do movimento nos organismos vivos, pessoas e sociedades, é a pulsação natural – a expansão até certo ponto, a ampliação das fronteiras, seguidas de movimentos de retorno ao próprio centro, um recontactar-se com seu interior, encolher-se para recolher frutos interiores, processar, tomar consciência. Qualquer paralisação, tanto na contração quanto na expansão, começa a desvitalizar o sistema vivo, leva à estagnação e à morte prematura, morte matada e não a boa morte morrida para recomeçar outro ciclo de vida.

Se no início do século passado a moral vigente era "nada se pode", a lei passou para o oposto, para o "tudo se pode". Saímos do extremo da contração para o extremo da expansão. Isso é funcional num momento de crise como uma alavancada para evoluir, para sair da paralisação empobrecedora. Depois é preciso procurar o ponto de equilíbrio, regido pela flexibilidade. Se pensarmos em termos de corpo humano, por exemplo, diremos que uma postura de cabeça baixa sempre fixa, crônica, deforma o corpo, torna-o corcunda, retorcido, e a alma, com certeza, vai junto, tornando-se pequena, covarde, submissa, incapaz de desejar e optar, de bancar os projetos essenciais. Mas a postura oposta, nariz empinado, numa arrogância desmedida, pescoço duro, que não se verga, é também um empobrecimento que leva a disfunções. Além de cegueira, impossibilidade de consciência mais ampla. É rigidez e paralisa tanto quanto a submissão. É outra espécie de submissão a outros valores. Na verdade, quando se tornam crônicas, ambas as posturas, cabeça baixa e nariz empinado, são paralisações que levam a pessoa a perder o horizonte, aquilo que está à sua frente, inclusive os outros seres humanos reais, concretos, o outro da relação; nesse afã ela perde também a si mesma, algo de sua essência. O submisso está com o olhar enterrado no chão. Sua alma, amarrada na humilhação, não pode sonhar, não vê o azul do céu, não se abre à inspiração, ao sopro divino em cada um de nós. Ao empinar o pescoço, o arrogante, por mais inteligente que seja, perde seu olhar no infinito, num Olimpo onde talvez morem os deuses, mas onde ele certamente não encontrará a si mesmo, seu cerne humano, o exercício do amor que gera a humildade. De qualquer forma, posturas fixas, exageradas e crônicas geralmente são inconscientes e prejudicam o livre fluir da energia que viabiliza a consciência e a liberdade.

Fiquei feliz por ver a evolução do diretor, Denys Arcand. Entre o primeiro filme, *O declínio do império americano*, e *As invasões bárbaras*, 15 anos depois, podemos sentir sua evolução pessoal, sua capacidade de ir além, sair da paralisação de dogmas vencidos e aprofundar-se, cavar mais fundo o poço de si mesmo para encontrar água mais pura e límpida. Não se conformou com resultados medíocres, do ponto de vista da alma. Não fechou os olhos para preservar a visão das glórias passadas que, no presente, não passavam de ilusão. Esse exercício é essencial. Continuar fluindo com a vida, aguentar ver desmoronar belas construções que nós mesmos fizemos e das quais nos orgulhamos pelo simples fato de que já não funcionam, ainda que tenham sido uma glória no passado. E também não desprezá-las por serem agora disfuncionais. Amá-las no sentido de aceitar perdê-las naquilo que não é mais adequado, e com humildade retomar e reconstruir com base no que restou. Juntar os cacos e montar a joia nova, mesmo sabendo que essa também não vai ser eterna, que estará sujeita, como tudo, ao fluir constante da vida. Algo essencial permanece sob o que se desfaz, algum azul profundo e confiável sob as nuvens apressadas.

Penso que o diretor transmite no novo filme uma evolução que também reflete o mundo de hoje. Sou otimista nesse sentido, apesar de não ser cega a todos os horrores que nos cercam. Porque o fato é que algo essencial floresce aqui e ali. Uma rede fecunda vai surgindo e se espalhando pelo planeta afora. E as redes, pela sua própria natureza, crescem sem muito alarde e, como as raízes de certas plantas, formam milhares de conexões que vitalizam o todo.

O dique dos eus negados

Na primeira sessão depois das férias de julho, Ísis mal chega e começa a me contar que coisas diferentes andam acontecendo com ela. Boas e ruins. Ela se estranha, se desconhece. De repente, antes que ela consiga controlar, jorram de seus lábios algumas expressões decididas, e ela se vê tomando atitudes, posicionamentos inéditos. E logo isso lhe provoca muito medo e sofrimento. E alegria outra vez. Não é fácil aguentar.

— Será que estou pirando? — ela pergunta.

Ao chegar à terapia meses antes, a queixa de Ísis era a falta de espontaneidade, a timidez absurda, e ainda por cima acompanhada da reação de ficar vermelha diante da mínima exposição dos seus sentimentos. Passava a vida se escondendo, tentando sumir de tudo. E se sentia infeliz com isso.

— Não quero morrer assim. Quero ainda viver muito. Exercer minha profissão, me expressar.

Ísis é uma mulher alta e bonita. Trinta e sete anos, casada com um profissional bem-sucedido. Ela é muito inteligente, o que, de um lado, ainda piora sua condição, pois percebe e sente suas limitações. Por outro, é essa consciência que a traz aqui, que não a deixa resignar-se.

Peço então que me fale mais desses arroubos de loucura, dê algum exemplo. Ísis conta:

— Um dia desses, meu marido foi grosso comigo, portou-se com falta de consideração, mas não foi diferente de como ele sempre me trata. Eu costumava ficar chateada, chorava sozinha no banheiro, mas não ia além disso. Dessa vez me vi respondendo! E não foi escondida, resmungando pelos cantos. Falei claro, alto e em bom som: "Precisava ser grosso desse jeito?"

— Bom — eu disse. — Vamos comemorar? Afinal, não era o que você queria? Você se expressou. Se defendeu!
— É, mas depois fiquei mortificada. Vermelha, um pimentão. Não sabia onde me meter.
— E o seu marido, como reagiu?
Ela enrolou um pouco, mas confessou que ele não reagira da maneira catastrófica imaginada, violento, vingativo...
— Da mesma forma como seu pai teria reagido?
— Sim. Com certeza!
— Não sei. Eu tenho dúvidas. Aquele era o pai de sua infância respondendo a você, criança, de um jeito violento, grosseiro. Hoje talvez fosse diferente. Você vai ter de testar isso qualquer hora. Hoje é outro dia, outro tempo. Seu pai talvez até tenha mudado. E você certamente já não é uma menininha indefesa...
— O pior é que com ele também eu já aprontei uma dessas!
— Não diga! Como foi?
— Minha filha, de 7 anos, derrubou um copo na casa dele, derramou o suco. Eu e minha mãe acudimos e dissemos a ela, que ficou toda sem jeito, que não tinha importância... E aí meu pai fez aquele "hum, hum" que eu odeio! Aquela cara de censura, de reprovação, de prussiano! Fiquei com muita raiva. Normalmente eu ficaria vermelha, roxa, mas não diria uma só palavra. E de repente, saindo não sei de onde, eu disse: "Não tem importância mesmo, foi sem querer, não é culpa dela". Minha mãe parou e me olhou, espantada. Ela nunca vira aquilo.
— E ele? — perguntei. — Afinou?
— Pois não é que sim? Ele só disse: "Tá bom, fique calma".
— Puxa, interessante.
— Mas eu fiquei mal. Peguei minha filha, saí de lá tão vermelha que parecia que ia estourar.
— Estourar? Estourar por quê?

— Sei lá! Fiquei com medo de estar pirando! Eu queria que você me explicasse, dissesse o que está acontecendo comigo. Não sou eu que estou fazendo essas coisas. Elas saem de mim, apesar de mim! Isso é loucura? Estou me sentindo muito insegura, com minha autoestima lá embaixo... E queria tanto ser segura, falar o que sinto sem ficar vermelha, sem sofrer, sem tanta vergonha...
— Vergonha? Era mesmo vergonha? Acho que precisamos procurar um nome melhor para isso. Não acho que seja vergonha. Você não ia explodir de vergonha. Do que você ia explodir, ou explodiu? Me diga lá, está na cara!
— De raiva?
— Claro!
— Mas eu tenho medo de perder o controle, de ficar muito agressiva... Não quero ser dessas mulheres agressivas, acho horrível...
— Bom, então vou te dizer o que eu acho.

O RIO QUE VIROU RIACHO

Disse como eu a via de verdade. Que ela era um mulherão, bonita, grande, exuberante, sensual. Uma mulher que parece um rio grande, um Amazonas, mas precisava fingir que era um riachinho de nada, tendo de conter suas águas, suas correntezas, recolher tudo dentro dela. Tentei mostrar como isso funciona:
— Você construiu um dique em si mesma. Um enorme dique para bloquear as águas. E esse bloqueio está bem no pescoço. Ou melhor, pega principalmente o pescoço, já que, afinal, nada pode pegar uma parte do corpo sem se refletir no corpo todo. O dique é forte, poderoso, porque você tem bastante energia e pode gastar muito para fazer essa solene construção. Mas,

às vezes, quando as ondas do grande rio se agitam, como nessa situação com seu pai, por exemplo, o vigor das águas força o dique e arrebenta alguns tijolos, e vaza um pouco da água represada. A coisa explode. É daí que sai sua reação, meio incontrolável. Veja que, nesse caso, foi só um pouco da imensa quantidade de água represada que saiu...

— Isso faz sentido, muito sentido. Mas por que está acontecendo agora se nunca aconteceu antes? Eu sempre consegui não responder, não explodir.

— Aí entra a terapia. Você veio aqui porque estava mal por não reagir, por só ficar vermelha, represada. No dia em que o rio, o grande rio, puder fluir à vontade, sem diques, você não vai mais ficar vermelha. Quer apostar 5% do que você vai ganhar no negócio das palhas de coco que você vai exportar? (Rimos. E era uma forma de eu dizer a ela que confiava em seu taco de acontecer profissionalmente.) Se o rio estiver fluindo, vai dar certo. Quero ser sócia! Quando você tiver acesso a esse montão de energia represada, as coisas vão acontecer!

— Mas fico com medo de... pirar!

— Bom, agora eu é que digo: faz sentido esse seu medo. Faz sentido, sim. Estamos falando de loucura, sim. Isto é, você tem medo de que o dique arrebente de repente e inunde o território todo. Uma vez que você recebeu ordens estritas do general seu pai de ser um riacho e só conseguiu obedecer à custa do dique, e como isso já faz 37 anos, você e todos deram isso como certo e construíram algumas coisas, muitas coisas, às margens do riacho. E então, se acontecer de inundar tudo, essas construções vão para o brejo. Isso seria loucura, inundação, destruição repentina de coisas importantes.

— Sinto que é por aí. Isso me lembra uma frase que anda comigo há dias, de um livro de Brecht, que diz que a gente admira o leito do rio, mas não percebe o quanto suas margens o tolhem...

— É por aí, é por aí. Mas gostaria de dizer algo mais. O seu dique está sendo dissolvido com todo cuidado. Isso é importante. Você está num processo terapêutico, e sei que é preciso delicadeza e destreza. Temos de escolher a dedo cada pedra em que vamos mexer no paredão do dique. Tentamos fazer pequenas brechas, tudo o mais suavemente possível. Mas, é claro, lidar com água de rio não é fácil. Nunca se tem controle absoluto. É como fazer uma cirurgia. Não estamos fazendo a coisa precariamente, num corredor qualquer. Estamos atentas. Mas algum risco você corre. Por outro lado, você não tem escolha... A outra opção, não mexer no dique, também é arriscada. Ninguém garante que um dia não exploda, e da pior maneira. E, se não explodir, ainda tem o problema de você ficar vermelha, virar pimentão, não conseguir se colocar na vida profissional, nem dizer uma palavra em público, ou ser mais bem tratada pelo marido...

— Engraçado... Quero dizer, horrível! Eu queria tanto me expressar, ter mais coragem de dizer o que sinto! E, no entanto, quando eu faço isso, parece que não sou eu, não me reconheço e ainda me culpo sem parar, fico tímida, não tenho coragem de encarar mais ninguém...

— Parece que há em você uma Ísis que é corajosa e sabe muito bem se expressar, dizer as coisas. O que você disse, e nas circunstâncias em que isso se deu, é tudo muito sensato, forte, mas nada violento ou destrutivo. Portanto, acho que deveria confiar mais nessa Ísis firme, mas sensata. Confiar mais em sua natureza.

— Eu não conhecia esse meu lado. Nem desconfiava que pudesse existir, que eu pudesse ser capaz de falar assim...

— Mas agora você conhece. Começa a conhecer. Acho que essa outra Ísis merece melhor sorte. É uma grande aliada sua. Não há nada de errado com ela. Eu adorei.

— Mas na minha família ela não teria nenhuma aceitação! Deus me livre, seria um negócio! Meu pai é dos que arrasam só com um olhar...

— De que família você está falando? Da sua infância? Essa família não existe mais. Você hoje é adulta, casada, tem marido e filhos. Tem a sua família. E nela você pode criar espaço para essa nova atitude, essa nova Ísis que mostrou a cara.

Ísis parecia mais calma, então eu aproveitei para fazer mais uma advertência:

— Aliás, é bom saber que essas coisas costumam acontecer num processo terapêutico, principalmente do tipo que fazemos aqui, um processo que envolve o corpo e aciona forças, emoções, impulsos que você não controla muito com a cabeça. É assim que muitas pessoas se pegam respondendo de modo diferente a coisas que as incomodavam. A resposta sai como que de outro lugar, e tem muito mais poder. No começo assusta, mas depois você vai incorporando o novo jeito, ajustando-o, incluindo, aprendendo a administrar e a usufruir.

O TAPETE QUE VIROU TIGRE

Contei a Ísis a história de um paciente que um dia telefonou apavorado porque, depois de muitos anos de submissão a um chefe sádico, viu-se de repente respondendo à altura, exigindo respeito. Fez aquilo e fugiu para o banheiro. De lá, saiu para a rua e me telefonou. Achou que ia ser demitido e estava apavorado por ter de voltar à sala do chefe. Apostei que a reação do chefe seria muito positiva, que passaria a respeitá-lo mais. E de fato assim foi. Ele ficou surpreso e aliviado. Começou a perceber que a submissão, a tentativa de agradar sempre aos outros levavam a um resultado oposto ao que ele esperava.

Afinal, ele se apresentava como um tapete e depois chorava por ser pisado...

Algumas semanas depois, Ísis sentiu que estava em outro patamar. Chegou feliz e falante como eu nunca a vira. Percebi que ela estava se permitindo e aguentando vibrar mais, conter mais sua excitação. Era um rio já bem respeitável, embora não fosse ainda nenhum Amazonas. Entrei em sintonia com seu ritmo. E curti isso. Divertia-me vê-la falar daquele jeito. Eu a ouvia com prazer, oferecendo ressonância para aquele seu novo movimento e deixando a energia do encontro emergir. Ela contava coisas inéditas:

— Maria, eu disse um "não" à minha mãe, imagine! E fiz isso numa boa, sem nenhuma agressividade.

— Você está ficando com prática em se colocar. Colocar-se não é o mesmo que agredir. Você disse um "sim" a você, só isso. O "não" a ela foi uma consequência.

— Pois é. Eu não queria fazer compras com ela. Não queria de jeito nenhum. Queria fazer minhas coisas. E queria não ter de dizer "sim" sempre... E ela estranhou na hora, mas depois aceitou. E foi sozinha. No dia seguinte, pediu que eu fosse com ela, por favor, pois tinha comprado umas coisas erradas. E aí eu tive vontade de ir. Também porque dessa vez ela estava pedindo "por favor". Não era aquela coisa de "não custa nada" e "não faço mais que minha obrigação". Gostei de ver que ela estava dando mais valor à minha colaboração. E para trocar o que ela não acertara comprar eu seria de fato útil, minha presença faria diferença. Mas para comprar arroz e feijão, lata de leite condensado... Pelo amor de Deus! E, no final, ela me disse "Obrigada". Adorei!

Ísis recostou-se confortavelmente no sofá e soltou um suspiro, radiante de satisfação. Perguntei:

— O que você está sentindo agora?

— Estou feliz. Fiquei feliz a semana toda. E nem sei por quê.

Aqui ela mudou a postura. Sua expressão de alegria desapareceu. Franziu as sobrancelhas. Surgia uma Ísis que a censurava, que dava bronca. Ela continuou em outro tom:

— Fiquei feliz como uma boba a semana toda. Não estava acontecendo nada!

— Então, que voz é essa, que personagem é esse que apareceu agora? Note que sua postura mudou tanto quanto sua voz.

Ela agora estava sentada na ponta do sofá, tensa e dura. Em alerta. E sua voz era crítica e desqualificadora. Ela reconheceu logo:

— É o jeito do meu pai de falar com a gente, comigo e com minha irmã. Quando a gente estava feliz e rindo, ele dizia: "Por que essa alegria? Deu bobeira?" Queria baixar a bola da gente...

Ela se deixa cair no sofá, suspira profundamente, agora de tristeza.

— Ele podava toda a espontaneidade da gente.

— Bem, ele não aguentava era a sua energia, sua vibração, sua excitação. Isso o ameaçava de algum modo. E aí jogava água fria até que a temperatura emocional ficasse tolerável para ele.

Ísis me ouviu e seu olhar indicou que compreendera profundamente o que eu dissera. Seu movimento retornou ao anterior, recomeçando a "deixar subir o nível das águas", a vibrar ao ver que eu não me sentia ameaçada com aquilo, e que, pelo contrário, sua postura me fazia bem, me estimulava positivamente. Eu lhe ofereci um campo para que ela pudesse se buscar, pulsando num ritmo mais próximo de seu funcionamento natural, como uma pessoa com alto nível energético. Ela ensaiava não ter medo daquilo, daquela vida toda pulsando nela.

OCUPAR O SEU LUGAR NO MUNDO

Entendi naquele momento que algo importante estava acontecendo. Outra Ísis negada tentava mostrar a cara, ser aceita oficialmente na família. Era uma pessoa vibrante e alegre que fora proibida, excluída, trancada nos porões, como filha bastarda. A forma de mantê-la presa era fazê-la se sentir ridícula, humilhá-la a ponto de minar seu amor-próprio. Daí a vergonha de rir, mostrar alegria, ser expansiva. O modelo nazistoide do pai rotulava sua exuberância e saúde de vulgaridade, de ridículo. Jogava-a de novo para a condição de riacho. E, pobre dela, não nascera com essa vocação. Tinha saúde demais, energia demais.

Ela recomeça:

— Tenho um cunhado que me olha de um jeito que acaba comigo. Fico vermelha, quero sumir!

-- De raiva também? — perguntei para provocar consciência, discriminação, embora eu soubesse que agora não era de raiva que ela virava pimentão.

— Não! De raiva, não.

— Ah, então ficar vermelha tem outra serventia, outra função além daquela que já tínhamos visto, que era segurar a raiva, não é? E o que o dique segura dessa vez?

— Não sei. Tem outro pessoal que também me faz ficar assim. Eles me escutam, se divertem com o que eu falo, se interessam. E acho legal. Lá, eu que sustento a conversa.

— Te deixam ficar no centro da cena.

— É. Que horror! Tenho horror de ser notada, de ficar em evidência. Quero sumir.

— Essa história está mal contada. Não é bem assim... Enquanto me falava do cunhado e desse pessoal, você estava feliz, apesar de começar a ficar vermelha...

— Pois é. Não! Quero dizer, sim! Bem, eu gosto! Não! É horrível! Eu sofro. Mas, esta semana, o que está acontecendo agora é que não estou mais ligando muito e nem aqui com você estou ligando se estou ficando vermelha. Vou em frente, fico vermelha, desfico, fico de novo.

— Olha, vou te dizer. Não acho que você seja uma pessoa que não goste de ser notada. Você tem é medo disso. Essa voz dentro de você te critica, te humilha cada vez que você faz um movimento de aparecer, de *ocupar o seu lugar* no mundo... Já disse que te vejo uma mulher alta, linda, exuberante. Você me parece muito certa para o centro da cena, seus gestos, seu jeito... Não dá para esconder o sol com a peneira!

— Quer saber de uma coisa, Maria?

— Quero!

Mas ela não esperava essa resposta ou a maneira como foi dita. Eu a levava a sério. Eu estava interessada mesmo. Ficou engraçado e rimos. Rimos da cena e continuamos um pouco a rir e a brincar, com as palavras, com as expressões, com tudo e com nada. Até que ela chegou às gargalhadas. De repente, parou.

— Ai, que horror essa minha gargalhada. Meu pai odiava. Mas essa ele nunca conseguiu parar!

E riu de novo. E rimos.

— Sua gargalhada era sua rebeldia, sua danada. Nisso ele não te pegou.

Servi um chá, era um dia frio de inverno. Por um momento ficamos aquecidas, felizes.

— Mas já nem sei por que estou rindo tanto. Não é ridículo? Por que rimos tanto, hein?

— Sei lá — respondi. — Está legal. Isso não se explica. Larga mão de besteira. Vamos tomar nosso chá e comemorar nosso jeito gostoso de ficar juntas. Que bom que aguentamos

o rio Amazonas se soltando. Hoje navegamos legal em suas águas agitadas.
— Estar feliz não depende de nada de fora da gente. Isso é incrível.
— Ficar paralisada é que deixa a gente infeliz, mesmo que fora esteja acontecendo algo que poderia ser bom. A excitação, se a gente não tem medo e sabe administrar, é bem-estar. Nada de errado. Fique sossegada. Nada de errado com a Ísis capaz de ficar indignada. E nem com essa capaz de rir, brincar e borbulhar de alegria e entusiasmo. É a força da vida. Quem não aguentar que se cuide. Mas que não venha apagar nosso fogo, certo?
Ela riu de novo seu riso de feiticeira e concordou.

Achei interessante contar algo da história de Ísis porque ela mostra que nem sempre são nossos aspectos ruins que são negados. Nesse caso, era exatamente a pessoa mais forte, o rio Amazonas, que não tinha permissão de se expressar. A melhor parte. Obediente, Ísis vinha sendo um belo riacho, mas tinha de segurar por dentro um dique prestes a explodir.

Assim são os *eus* negados. A gente pode até fazer que não vê. Mas eles cobram. E custam caro.

Em seu belo livro *Mulheres que correm com os lobos*, Clarissa Pinkola Estés diz algo bonito sobre a diversidade, a complexidade humana: "Num único ser humano existem muitos outros seres, todos com seus próprios valores, motivos e projetos". Algumas técnicas psicológicas sugerem que prendamos esses seres, que os forcemos a aceitar o comando até que nos acompanhem como escravos vencidos. Agir assim, no entanto, equivale a impedir a dança das luzes, a proibir os relâmpagos e reprimir toda emissão de centelhas. Em vez de deturpar sua beleza natural, nossa tarefa consiste em criar para todos esses seres uma paisagem selvagem na qual os artistas entre eles possam criar, os amantes amar, os curandeiros curar. Mas o que devemos fazer com esses seres interiores que são completamente loucos e com aqueles que destroem sem pensar? Mesmo a esses deve ser atribuído um lugar, muito embora seja um lugar que os possa conter, fazendo-os respeitar a harmonia do todo.

O porão reconstruído

Agora vou contar um sonho que tive. Um sonho fundamental. Nesse sonho, eu começava visitando um porão. Bem, pausa para porão. O porão é um símbolo muito importante para mim. Dos 10 aos 13 anos morei num casarão antigo na rua Conselheiro Furtado. É o que se chama em São Paulo de cortiço. Cada quarto da casa abrigava uma família ou uma pessoa, todas muito pobres. Assim, o casarão virava uma espécie de comunidade. A casa era muito grande, com vários quartos. Devia ter umas dez famílias, pelo menos 30 pessoas morando lá.

Os quartos de cima eram os dos mais abastados, que podiam pagar um aluguel mais caro. E havia o porão, onde ficavam seis famílias. A minha era uma delas. Éramos nove. E mamãe ainda alugava uma cama para o "Zé do Quartinho", uma figura que parecia ter saído de um livro de Machado de Assis. Era alfaiate, estava sempre metido num terno todo engomado, elegante. Era pequeno e magro, mas nem se notava, diante da sua postura toda espigada, do seu vozeirão e do jeito todo arrumado.

Aos domingos ele nos levava – eu e minha irmã menor – à padaria e nos oferecia, no seu estilo de gentil-homem, um banquete sofisticadíssimo para nossa pobreza daqueles tempos: um enorme copo de chocolate quente e pão com manteiga. Uma maravilha. Um dia ele nos levou ao Parque Xangai. Foi puro encantamento. Trem-fantasma, roda-gigante, Casa dos Espelhos, a Mulher que Ria... Até hoje e para sempre, obrigada, Zé do Quartinho.

Mas por que disparei a falar do nosso pensionista, o Zé do Quartinho? Acho que porque queria falar mais sobre outros moradores do porão... Dona Maria, a preta velha, tinha quase 100 anos, foi prostituta e era impecável em sua dignidade. A outra prostituta, que tinha um filho internado num sanatório para tuberculosos, era analfabeta e me pedia todos os sábados para escrever ao filho. Por um bom tempo o filho recebeu cartas bem bonitas, animadoras, e desconfio que ele foi meu primeiro paciente. O problema foi quando ele voltou. Eu não podia editar as falas da mãe como editava suas cartas...

De qualquer modo, me emocionava ver o esforço dessa mulher para conseguir dinheiro e oferecer um copo de suco de laranja todas as manhãs ao rapaz, como o médico tinha recomendado. E um ovo no almoço, verduras, carne...

Mas qual é o sentido de ficar presa apenas às coisas boas, aos aspectos positivos daqueles tempos duros? Será que estou enrolando para não entrar no lado difícil da coisa?

É, teve um lado bem difícil. Um arrepio de frio ainda me desce pela espinha quando me lembro da escuridão dos quartos, onde a luz nunca entrava e ao meio-dia era como à noite. As lesmas se arrastavam pelas paredes úmidas e negras, com seus rastros pegajosos.

Espere um pouco. Vou parar de escrever e tomar um chá quentinho, gostoso, na xícara mais linda que tenho, para me reencontrar com a beleza e o prazer de viver. Com a alegria, a limpeza, a harmonia. A dignidade de hoje lavando a indignidade passada.

E nem contei ainda o mais difícil.

Vamos lá! Vai me fazer bem contar tudo, descer até o fundo desse porão.

NESTE BANHEIRO IMUNDO, EU JURO...

Ainda quero contar um momento que foi como que o ponto final em minha infância; o momento da virada, em que encarei brusca e brutalmente a vida adulta. Pulando a adolescência, um luxo quase impossível naquele mundo.

Tinha 11 anos e precisava tomar banho. No dia anterior eu já desistira da ideia, mas dois dias era coisa impensável. Agora não dava mais, não tinha desculpa. O jeito era encarar. Não se tratava de gostar ou não de tomar banho. Pelo contrário. Adorava, como adoro até hoje. O drama estava no fato de que naquela tarde havia, como era frequente por ali, um entupimento geral no banheiro coletivo. Acidente bastante comum, especialmente para as famílias da parte de baixo da casa, do porão, onde um mesmo banheiro era usado por mais de 20 pessoas. Sabe como é: casa velha, esgotos precários, pessoas com maus hábitos... Desculpem o realismo, mas era merda por todos os lados. Indisciplinável.

Minha família, vinda do cerrado de Minas Gerais, fina flor de uma cultura pobre e digna, com valores morais firmes, até rígidos, que consagravam a limpeza e a higiene como bases importantes de sua identidade, sofria com aquela situação de modo indescritível. Em Curvelo, se você entrasse em nossa cozinha, por exemplo, ficaria admirado de ver tudo tão arrumado e decente. Até as latinhas de marmelada, que às vezes tinham função de pratos, brilhavam de dar gosto ao lado do fogão a lenha sempre impecável.

Entrei no banheiro imundo. Subi no banquinho que minha mãe, prestativa como sempre, colocara lá para me dar condições mínimas para o banho. O chuveiro era um balde de água quente dependurado no teto.

Respirei fundo. Olhei em torno. De repente, um sentimento muito forte cresceu dentro de mim e foi tomando conta de tudo... Chorei calada, tentando me manter firme em meio a toda a merda do mundo. E fiz um juramento. Jurei, por tudo que fosse sagrado, que eu haveria de sair daquela situação. Que, daquele momento em diante, começaria uma guerra sem trégua, sem descanso, contra a indignidade e a miséria. Jurei que eu e minha família sairíamos daquilo. Custasse o que custasse. Saí do banheiro outra pessoa. Entrei menina, saí mulher. Antes da hora, forçada, forjada. Eu estava pronta, fosse como fosse. As saídas mais fáceis por ali eu bem sabia: prostituição, drogas ou o trabalho árduo. Foi o que escolhi. Naquele mesmo dia arranjei trabalho como empregada doméstica.

A primeira experiência foi muito complicada, dado que minha patroa era cruel, sabia como se aproveitar da necessidade e do desespero dos outros. Eu chorava, sozinha, enquanto arrumava, lavava, passava. No almoço, ela me fazia um prato de restos. Na hora do lanche, um pão duro, do dia anterior. E café. Ou chá-mate. Eu os saboreava com prazer, usufruindo contente os meus dez minutos de descanso no dia.

Certa vez fiquei doente. Uma febre alta, um imenso mal-estar. Faltei ao trabalho. No dia seguinte, toquei a campainha na casa da minha patroa. Ela mal abriu o visor, e sem me deixar falar, sem nem abrir a porta, anunciou:

— Você está despedida! — E fechou o visor na minha cara.

Fiquei ali parada, chorando. Devo reconhecer, no entanto, que a patroa seguinte foi bem melhor. Na verdade, um presente da vida. Era uma mulata bonita, sensual, que dançava samba à noite e namorava muito de dia. Ela me deixava sozinha com suas filhas e eu brincava de casinha com elas, que era o que eu sabia fazer bem naquele tempo. Foi uma delícia. Eu passava horas vestindo-as com seus lindos vestidos e fazendo trancinhas divertidas. Nunca tive bonecas tão sofisticadas. Nos fins de semana, elas choravam porque queriam ir comigo ao porão, para continuarmos a brincadeira. A mãe deixava quando podia, e era muito legal. Mas às vezes a sogra dela estava lá e achava aquilo um absurdo. Então eu as deixava chorando, chamando meu nome. Era duro me afastar desse jeito. Por onde andarão minhas pretinhas? Sou tão grata a elas por terem me dado tanto carinho, e também à minha patroa, que me ensinou, entre muitas coisas, a arte de cozinhar: um mistério, uma aventura no mundo dos sabores, algo que tinha alguma correlação complexa com sua sensualidade e seu ritmo.

Mas vamos voltar agora ao porão como apareceu no sonho que comecei a contar. Eu estava de volta àquele porão maldito. Eu tinha ido visitá-lo, revê-lo. Paulo, meu filho caçula, estava comigo. Chegamos e fiquei muito feliz por constatar que o porão e o velho casarão tinham melhorado bastante. Um espaço maior no jardim havia sido criado. Antes era apenas uma área muito pequena, dois metros se tanto, mas que funcionava como uma espécie de praça para toda aquela gente. Agora, no meu sonho, era uma área grande, uns 200 metros de belos jardins. Os quartos tinham sido reformados e entrava muita luz dentro deles, luz e calor do sol. Além disso, as famílias que lá moravam estavam mais bem cuidadas, tanto física como emocionalmente. Mais bem-vestidas, com mais saúde e certa dignidade de quem tinha, enfim, "um lugar ao sol".

Eu mostrava aquilo ao meu filho, compartilhando com ele minha alegria.

Algumas crianças se aproximaram, curiosas. Brincamos com elas e depois até ofereci umas balas. Uma das mães me olhou com certa censura no olhar. Disse que estava perto da hora do almoço e que comer doce tirava o apetite. Pedi desculpas por não ter perguntado a ela e expressei meu agrado pelo cuidado que ela mostrava com os filhos...

Crianças e mães bem revelavam que as pessoas do porão já não eram os quase mendigos de antigamente. Agora eram classe média, e mais esclarecidas e incluídas na sociedade.

Acordei muito feliz.

E acho que sei por que contei aqui essa história tão triste. Paulo, meu filho caçula, estava comigo no sonho. Ele é o símbolo de um período de minha vida em que eu já havia cumprido a promessa que a Maria menina fizera um dia naquele banheiro fétido. Paulo me ajudou muito a resgatar a infância que não tive. Brincamos bastante e fomos juntos a muitas brincadeiras legais. Disney World, Nova York, teatros, cinemas, parques, rios, cachoeiras. Ele foi um companheirão nesse resgate da infância perdida. Eu o levava e ele me levava. Soube receber o que eu tinha a dar e me transmitia seu entusiasmo, sua riqueza interior. A presença dele no sonho do porão é como uma testemunha, uma comprovação de que está paga a promessa feita à criança pobre e excluída que eu fui. O *meu* porão, pelo menos, está reconstruído. Sei que ainda há muitos outros no Brasil e no mundo e temos de ajudar a reconstruí-los. Mas a base necessária para que eu estivesse em condições de fazer isso era reconstruir antes a dignidade em mim.

SONHOS QUE SÃO PRESENTES

E agora vem a parte que tem relação com este livro. Eu poderia ter pagado a promessa feita pela Maria menina há muito tempo. Tenho condições financeiras para isso. No entanto, somente agora meu inconsciente acusa o recebimento do pagamento da promessa. Isso é importante! Não bastava ganhar dinheiro, subir na vida. Algo precisava acontecer *dentro* de mim para resgatar minha alma, minha dignidade humana ferida. E esse algo tem que ver com... *amor*. Sinto que essa palavra está muito desgastada na nossa cultura, pois chamamos de amor quase tudo, até mesmo as mais descaradas formas de egoísmo. Mas ainda não encontrei outro termo para expressar aquilo que o sonho mostra no símbolo Paulo, as coisas que vivi com ele, nossa história, e minha capacidade de vibrar com a alegria das pessoas que continuam vivendo no porão, aquelas que ainda não cumpriram sua promessa de libertação. A capacidade que tenho de me indignar diante da miséria e da injustiça; a coragem de sentir profundamente, de não ficar insensível, de lutar até a morte, se necessário, porque a vida só vale a pena respeitando certos limites de dignidade; a força de não aceitar o caminho da desonestidade, da burla.

Somente agora, por meio desse tipo de sonho, internalizei que não sou mais pobre. Não sou mendiga nem preciso de mais nada. Isso, é claro, não significa que eu não tenha problemas, recaídas, que esteja livre das necessidades naturais. A vida continua a mesma, eu é que tenho mudado. Consigo penetrar no universo do desejo, para além da necessidade, da busca de viver cada vez mais plenamente, desfrutando uma relação mais rica com as pessoas e com a natureza. O espaço do porão se ampliou. Superei esse passado no porão, estou em pé, de frente para a vida, sem atrasos para compensar, sem revanches a cobrar.

Meu sonho do porão é a prova de que, como disse no começo, os sonhos surgem não só para indicar caminhos futuros, mas também para celebrar conquistas. Existem, sim, sonhos que são puro mimo e festa depois de longas batalhas. Funcionam no processo de atualizar nossa realidade interior, como um ritual de colheita que ajuda a incorporar o novo momento, a riqueza interior concretizada, o salto evolutivo dado. Celebrar é essencial; é integrar, completar o ciclo e assim criar um campo fértil para a próxima etapa, o novo plantio. Quem não comemora e não celebra não evolui.

Nova família

O sonho daquela noite também foi uma celebração, um presente, um coroamento da vitória após um período difícil em que fui arduamente testada na minha capacidade de me indignar, denunciar de modo adequado e, por fim, perdoar. No trajeto, confesso que fiquei um bom tempo entalada na raiva. Minha mão esquerda, que fizera carinho em pessoas equivocadas, teve uma crise de dor que parecia reumatismo e, por duas semanas, ficou endurecida de mágoa e rancor. No dia anterior, durante um trabalho corporal feito por Hebe, uma fisioterapeuta que é mestra na arte de curar, as nuvens escuras começaram a se abrir e uma chuva benfazeja anunciou-se em forma de alívio da dor na mão, seguido de compreensão e aceitação dos meus ofensores. Até então eu andava aprisionada pelos fatos concretos. Desde, por exemplo, ser roubada por uma pessoa querida, uma funcionária de confiança, até outros roubos e traições mais sutis, mas não menores nem menos dolorosos.

O RITUAL DE PURIFICAÇÃO

No caminho de casa, eu estava pronta para fazer um ritual de purificação e até comecei a fazê-lo enquanto o trânsito lento de São Paulo me ajudava com seu fluir sem pressa. Concentrei-me numa das pessoas que me traíram. Comecei pela mais fácil de perdoar. Eu a vi sob a luz da compaixão. Compreendi sua dor, seus dilemas. Pedi perdão a ela por cada coisa a qual eu não dei a devida atenção. Pensei em como deve ter sido difícil para ela conviver comigo, alguém a quem a vida dera tão mais do que a ela. Pedi perdão por não ter tido toda essa consciência e mais cuidado em cada momento do cotidiano. Pedi perdão por ter-lhe dado muito, talvez mais do que ela aguentava, em amor, reconhecimento, pagamento financeiro. E também pelas minhas impaciências fúteis, ingratas. Visualizei uma luz violeta saindo de minha mão esquerda, vinda do meu coração; minha mão esquerda fez o gesto (que a dor estava dificultando) de lançar essa chama na forma de longos raios, que chegavam até ela e a cobriam com um manto de luz, de proteção e amor.

Foquei meu pensamento nela e pedi algo: que ela se desse conta do mal que causara a várias pessoas, sua ingratidão, desonestidade, mentira, falsidade. Traição.

Depois, comecei a falar, reviver cada coisa pela qual eu a perdoava. Dizia com precisão, com clareza, cada uma delas: "Eu te perdoo pela decepção e pela tristeza que você causou a meus filhos". Aí meu coração ficou apertado e me obrigou a chorar. Eu o atendi. Depois continuei: "Eu te perdoo por ter, de alguma forma, criado essa condição que te obrigou a abandonar a Mona, nossa cachorrinha, que está sofrendo muito com a sua ausência..."

E aí era hora de agradecer por todas as coisas boas que ela me dera. E eram muitas. O que também me fazia sentir raiva, pois era uma pena ela ter roubado (muito) e assim interrompido algo que era bom para todos... Enfim, mas era hora de gratidão. Sem isso não haveria despedida e desapego. Fui dizendo, reconhecendo tudo, tornando aquelas dádivas parte da minha vida, tesouros meus que ninguém, nem ela, poderia roubar. Sua alegria de viver, seu entusiasmo, seu dom de saber mexer uma panela e tirar dela sabores inacreditáveis em comidas inusitadas, criativas...

E assim foi indo, eu lavando minha alma de cada pedaço de dor. E perdoando. Voltando a ser capaz de sentir amor, liberando minha mão esquerda de novo, para a cura. No final, eu amava de novo aquela mulher, mas agora sem ingenuidade. Amava, mas não perdia a memória; sabia dos aspectos que inviabilizavam qualquer retomada de relação, por exemplo. Apenas tinha dela agora uma imagem mais inteira, o pacote todo, o bom e o ruim, se compondo. E o que sobrou foi compaixão, além de um profundo desejo de que ela não se perdesse. Que fosse capaz de ter consciência, de se perdoar e retomar seu caminho na direção da dignidade, como eu mesma estava conseguindo fazer naquele momento. E restou também saudade, como uma capacidade de recuperar o sabor do tempo vivido em momentos de alegria e companheirismo.

Fiz o mesmo com a segunda pessoa, o caso mais difícil de perdoar, que me pegara mais a fundo. Lembrei-me de que aquele era o Dia do Perdão para os judeus e me conectei com essa energia. Foi mais fácil do que eu imaginara. A coisa estava madura.

OS FRUTOS E SUA HORA

O processo como um todo foi como um céu que se fechou em nuvens escuras, aquele momento em que tudo parece parado, ameaçando uma tempestade. Choveu forte, mas sem destrutividade, e a harmonia retornou num nível maior do que o anterior. Essa completude veio com um sonho que tive naquela mesma noite.

Estávamos na casa de dona Nair e era o dia do casamento da Nega, filha dela. O clima era de serena alegria. Não era uma festa grande, com muita gente; era algo mais delicado, mais além do puramente social. Era uma celebração com amigos de uma união amorosa. Nós todos arrumávamos a casa e nos preparávamos para a cerimônia. Criávamos as condições: comidas, arrumações, limpeza, beleza. Dona Nair me mostrou o quarto que acabara de arrumar para o casal; notei que ele não ocupava o lugar mais importante, de mais *status*, da casa. Ficava nos fundos. Deu-se preferência ao conforto e à privacidade; a cama de casal era imensa, o dobro de uma cama comum.

Saio para o jardim da frente da casa. Nesse momento, essa é a minha casa, minha e de meus filhos. Lá fora tem um pé de abacate carregado de frutos ainda verdes, mas lindos e viçosos, prometendo um amadurecimento saboroso. Algumas crianças da vizinhança, meninos ricos, brincavam por ali. Veem os abacates e os pegam de modo descuidado. Um menino pega um e o atira para o ar, como se fosse uma pedra. Os outros estão prestes a imitá-lo. Um rapaz que toma conta do grupo não se importa com o gesto de desrespeito do menino ao arrancar e desperdiçar as frutas. Eu intervenho. Entro em cena e deixo claro que acho legal que eles estejam brincando e se divertindo no meu quintal. Mas impeço que peguem mais abacates. Com paciência, explico com um jeito que me lembra o marido de dona Nair, um cientista falecido há muitos anos, que os abacates ainda estão verdes. Mostro a eles as frutas e os convido a entrar numa atitude de participar:

— Vejam como são lindos! E, quando maduros, ficam muito gostosos, principalmente se a gente deixar que amadureçam no pé. Aí eles ficam muito mais doces.

As crianças olham para os abacates como se fosse a primeira vez que os vissem. Penso que, como crianças de cidade, elas não têm uma relação com as frutas e com as árvores. São coisas que se compram no supermercado e se desperdiçam à vontade, já que para elas, crianças ricas, são baratas.

Agora aponto uma bananeira carregada de frutos maduros.

— Experimentem só essas bananas. Já estão maduras, prontas para ser colhidas e saboreadas.

Pego algumas, descasco e ofereço aos meninos. Como uma também, comemos todos juntos num clima muito bom, um campo de energia mais calmo e concentrado, sem a excitação desarmoniosa do momento anterior, feito de descuido e depredação.

As crianças pobres, pedintes que chegam participam da refeição conosco. Por um momento somos irmãos, filhos da mãe-terra colhendo seus frutos maduros.

Acordo refeita, cheia de energia, revitalizada.

Foi um sonho de cura do corpo, pois minha mão estava uma beleza, e também da alma. Sem ranços de amargor.

UMA FAMÍLIA CLARA, ACOLHEDORA

Para que tudo fique mais claro, preciso falar um pouco a respeito de dona Nair, do marido e dos filhos, uma família que me acolheu na juventude, quando o Brasil mergulhou na ditadura e na loucura. Eles ofereceram casa, abrigo e coragem a muitos jovens que denunciavam o autoritarismo e a violência. A mim ofereceram isso e muito mais: reacenderam uma chama da esperança no ser humano. Reafirmaram valores essenciais.

No sonho, delineou-se uma cena de um lar num nível de vibração que hoje me aparece como um novo padrão de lar que faz mais sentido construir. Uma família mais aberta, capaz de incluir como filhos, de algum modo, as crianças pobres ou ricas, assumindo a responsabilidade de educar sempre, em qualquer momento que isso for viável. Gente assim resgata o senso de comunidade humana e uma atitude mais amorosa perante a natureza, a terra e seus frutos.

No sonho, as crianças da rua eram incluídas. Mas com clara discriminação entre os de casa, os amigos e os demais. Os lugares são diferentes. Existe uma membrana que delimita o âmbito da família, cria um campo interno onde as trocas íntimas podem acontecer. Mas essa membrana não é dura e fria, não isola os de casa nem exclui os demais. Ela sustenta as trocas entre aquilo que é interno e o que é externo à família, mas num alto nível de interações vitalizantes para todos. O outro existe e tem seu lugar. É uma família aberta por ter uma identidade firme, consistente, uma membrana tão firme que pode se dar ao luxo de ser flexível.

Já o casamento do jovem casal aparece como um acontecimento de grande riqueza afetiva e muito integrador. O altar do amor tem seu pleno espaço na enorme cama de casal. E o que é comum hoje em dia – um evento social vazio de significado afetivo, excessivamente impregnado de vaidade e afirmação de *status* – é substituído pela alegria de brindar, todos juntos, o encontro amoroso dos jovens, numa cerimônia simples e profunda, sem grandes exibições de poder e desperdício. Aliás, minha amiga Nega, a noiva do sonho, escreveu um interessante livro sobre o desperdício no mundo.

Meu sonho foi buscar, no baú de bondade com o qual me encontrei ao longo da vida, um remédio para curar minha mão endurecida de rancor pela violência e incompreensão humanas. Trouxe-me material para melhorar minha capacidade de perdoar e ficar novamente disponível para a vida, para amar. Fez-me lembrar que é o amor que cura e cria um campo onde a ditadura e seus horrores não têm condições de entrar, ficam do lado de fora, definham. A mão que se estende no gesto amoroso, algo que vai além da tolerância, pois que esta ainda pode ter um ranço de olhar de cima, enxergar o outro como inferior, é movida pelo amor, e este não julga, mas inclui, amplia. Gira a roda da vida, desemperra a ferrugem do ódio, do insulto à vida.

O sonho de Daisy

Nova-iorquinos só sabem sonhar com prédios? Tenho uma amiga americana, Daisy, que é a típica nova-iorquina bem-sucedida e bem informada. Um dia desses ela teve um sonho bastante expressivo envolvendo o esfacelamento e a integridade do ser. Foi assim:

— Eu estava no topo de um edifício muito moderno, bonito e luxuoso... Lá de cima eu olhava os outros andares e, engraçado, não conseguia ver todo o corpo do prédio. O edifício parecia sinuoso, se afunilava no meio. No mais, tudo certo, só tinha isso, se afunilava no meio, se interrompia... Então, eu quero ir lá embaixo e só consigo descer dois andares. No terceiro eu não consigo penetrar. Algo, um bloqueio, impede a passagem. Ali há uma barreira. Vejo que ao lado há outro edifício ligado ao meu por uma ponte... O que faço? Subo de novo para o topo onde está a ponte, caminho por ela e chego no prédio ao lado. Claro que ele tem um elevador que permite subir e descer à vontade. Então decido ir até o térreo, e começo a explorar o edifício em cujo topo eu estava de um jeito mais correto, isto é, entrando pela porta da frente. Chego então defronte meu edifício, estou olhando sua fachada quando surge um homem bastante ameaçador de jeito e de cara, que empurra na minha direção um carro, ou uma carroça de lixo. Acordo assustada, com medo de que ele me atropele ou me estupre. Acordo me sentindo muito mal com a situação toda que vivi no sonho. Penso até em conhecer algum tipo de defesa pessoal, pois preciso aprender a lidar com agressividade, especialmente a física... Não quero continuar vivendo assim, com aquele medo subjacente de ser agredida e não saber o que fazer...

A CABEÇA, O PESCOÇO E O RESTO

Daisy me pede que eu a ajude a compreender e a explorar melhor esse sonho. Nossa relação é bastante recente. Ela está passando uns dias no Brasil. Pode acontecer que venha a ser minha paciente em breve. Há uma ressonância forte entre nós. Mas ainda não sabemos se de fato será possível iniciar um processo terapêutico. Se somos só amigas ou se já haveria uma relação terapêutica entre nós. Mas ela está aqui e me pede para entrarmos juntas no sonho. Aceito. É uma sessão, um contrato terapêutico de curtíssimo prazo. Levo isso e tudo o mais em conta.

Vou resumir a conversa.

Proponho que ela se veja de novo no sonho, no topo do prédio, e vá expressando tudo que sente.

Ela diz que está tudo o.k., o edifício é bonito, moderno... Mas ela sente que quer conhecê-lo melhor, descer, sair do topo.

— Chega de ficar ali no topo, e só no topo? — pergunto.
— É! Quero explorar, descer. Mas não dá!
— Fale-me sobre o outro edifício...
— É grande, amplo. E tem aquela ponte...
— Como você se sente quando vê a ponte?
— Bem, uma possibilidade... de ligação, de alternativa...
— O que te lembra tudo isso?
— Ontem, quando nós duas voltávamos da Hebe (a fisioterapeuta), passamos por esse edifício em cujo topo eu estou. Ele foi projetado e construído por pessoas profissionalmente ligadas a mim, pessoas bem-sucedidas. Fizemos muitas coisas juntas...
— E você se lembra do que nós duas falávamos no momento em que passamos por lá? — pergunto.
— Não muito... Bem, você me disse que lá tem um bom restaurante, que poderíamos ir almoçar lá no domingo... E que ti-

nha espaços muito bonitos no primeiro andar, obras de arte... Foi uma coisa boa...

— Isso. E aí você mudou de assunto e comentou sobre o filme que tínhamos acabado de ver... Lembra o que me disse?

— Claro! Eu disse que era surpreendente como você me chamou a atenção para aspectos que eu normalmente não notaria no filme...

— Como você definiria esses aspectos, Daisy?

— De coração! A capacidade de enxergar a vida com os olhos do coração! Isso me toca profundamente. Queria ter essa capacidade. Ela muda tudo!

— E de que forma isso está presente no sonho? Entre de novo na visualização e procure essa conexão, Daisy. Tente buscá-la...

— Ah... Estou aqui, no topo...

— Acima de todo mundo, vendo tudo de cima, do máximo! Você venceu, Daisy, tal qual as pessoas que construíram o edifício. São vencedores, o.k. Isso é importante, essencial mesmo, mas não suficiente. Talvez agora você possa se dar ao luxo de rever as coisas, seus valores; talvez o preço da ascensão ao topo tenha sido grande demais, e agora é preciso retomar, renegociar com a vida. E esse preço talvez tenha que ver com o problema de você agora se sentir prisioneira no topo do prédio, sem poder descer porque o terceiro andar está bloqueado... Estou falando, por exemplo, daqueles caminhos que percorremos juntas ontem, depois do filme, os caminhos do coração, entrar forte no cerne das coisas, em outras partes do edifício... Descer, ir para o coração, para as vísceras... Sentir ali outra intensidade de vida, outra vibração... Tocar um coração vivo, pulsante... Que tal?

— Isso é tudo. É tudo que está faltando!

— É! Mas tem uma barreira!

— *Yeah...*

— Onde?

— Onde? — ela se pergunta, espantada com a pergunta e com o seu próprio espanto.

Sem se dar conta, Daisy coloca a mão direita sobre o pescoço. Eu pego seu gesto, eu a pego com a boca na botija, como se diz no Brasil. E mostro:

— Sua própria mão está respondendo!

Daisy olha para sua mão direita com seus enormes olhos azuis, olhar de espanto e prazer, e exclama:

— *Yes! I mean...* Todo mundo que eu conheço só fica aqui! (A mão percorre o pescoço e sobe até a cabeça.) Ninguém vai para o coração! Hum... Você vai! E foi isso que me marcou de maneira tão forte no nosso estar juntas ontem. Nós conversávamos sobre o filme, você falava e um mundo novo se abria, o mundo do coração!

— Pois é. Parece que na nossa conversa de ontem conseguimos construir uma ponte, e esse símbolo é muito bonito: uma ponte toca os dois lados, integra um vazio, é uma construção a dois e não um monólogo nem um discurso, e só acontece se as duas pessoas estiverem se expressando ante algo mais profundo em si mesmas — do terceiro andar, do cerne. Digo isso porque a tal ponte é uma construção sua, já que está no seu sonho, está em você. E o outro prédio também. Já há essa possibilidade.

— É, mas agora está claro para mim que aquele prédio seria muito mais você, esse seu jeito de subir e descer à vontade dentro de si mesma, e ir daqui para ali (sua mão faz o gesto de ir e vir de seu peito ao meu), com uma liberdade que eu nunca havia visto...

— Mas o sonho é seu. Eu não estava lá. Naquela hora estava dormindo no meu quarto. Então você acordou em si a "Maria", ou suas próprias qualidades de mais movimento, sua liberdade afetiva. Naquele momento, nossa relação foi um *starter*, uma alavanca de um novo padrão de movimento em você...

— Claro, eu também vejo assim. Eu também me reconheço afetiva e intensa, e quero mesmo liberar meu terceiro andar (e põe a mão sobre o peito).

— E isso já começou: você atravessou a ponte e chegou lá, no outro prédio, onde existe um elevador que percorre o edifício todo, de cima a baixo (e minha mão percorre meu corpo de cima a baixo, ligando o símbolo do prédio com a corporalidade). Ela para um instante e expira longamente, deixando a mão sobre o peito, contatando sua dimensão afetiva. Então diz:

— Eu sei que tem algo aqui que pode estar mais aberto, e às vezes sinto até uma opressão, quase uma angústia, uma ânsia de algo que falta...

— Hum, hum. É muito bom você estar se ocupando disso... A ideia é desbloquear o peito, deixar fluir a afetividade, o contato profundo, mas sem perder a cabeça, e a sua, aliás, é excelente – sua inteligência, sua capacidade de pensar com rigor e rapidez, tudo isso está o.k. O topo do prédio é ótimo, mas falta integrar com o peito, a afetividade. Entre a cabeça e o peito há uma ponte, o pescoço, que precisa ficar mais livre para as emoções transitarem num padrão integrado; o coração terá mais voz para expressar-se e, por outro lado, a mente ganhará ternura e compaixão. Algo assim, o que você acha?

— Com certeza, com certeza. Não gosto nada de perder a cabeça... Mas tenho segurado demais as demandas do coração...

— Bem, não se trata de fechar o último andar do seu edifício – sua cabeça, sua inteligência. Nem mesmo seu pescoço, sua possibilidade de se colocar, de dizer "não", sua autodefesa, sua autoimagem positiva... Não podemos excluir nada nem nos castrar em nada. Mas viver só de cabeça e pescoço é pobre. É puro ego, narcisismo. É limitado. Não nutre de verdade. E sabe o que penso daquele outro polo do símbolo da ponte, a ponte horizontal, que nos liga ao outro, ao não eu – no caso, a nossa relação?

Acho que esse é o melhor caminho que eu conheço, isto é, o relacionamento, a conexão com as pessoas. A troca. Isolados, não há chances. Foi sempre esse o meu caminho para abrir a ponte vertical, a ponte em mim, o pescoço. Fazer uma conexão que viabiliza um enriquecimento acorda o melhor da gente: um caminho que abre possibilidades no mundo interior e no exterior.

O CAMINHO DA HUMILDADE

Daisy fica pensativa, como que diante de um mundo novo. Quer entender melhor:
— Sim, mas eu aceito o relacionamento, pego a ponte, o elevador, chego defronte do prédio...
— E entra pela porta, como todo mundo faz... Acho interessante essa ideia, essa imagem... É o caminho da humildade, de não cortar a fila, passar na frente, chegar por cima. Mesmo podendo fazer isso por ter mais poder, a gente perde algo essencial. A humildade é essencial, é a porta de entrada para a sabedoria. Dela virá outro H, ou seja, a humanidade. E, antes da humildade, é necessário ainda outro H, mas esse acho que você, felizmente, já tem: o H de humor, de bom humor, de senso do lúdico e a capacidade de rir, rir de verdade, não aquela risada sarcástica que vem da cabeça e do pescoço, e é puro orgulho. Falo de rir como rimos ontem, achando mesmo a graça das coisas do cotidiano. Para rir a gente tem de acessar o coração e soltar o pescoço, pelo menos o suficiente para respirar livremente, porque rir desbloqueia o diafragma como só o choro profundo sabe fazer. Chorar e rir são duas pérolas da vida.
— Fantástico! — ela exclama com seu jeito americano de ser e sua enorme capacidade de reconhecer algo bom e de ter gratidão...

Mas logo retoma, preocupada, o lado sombrio do sonho:
— Mas o fato é que não consigo entrar no prédio, porque aí vem aquele homem rude, violento...
— Bem, essa é uma longa história, que eu penso que devemos deixar para outra vez. Quero dizer, no sonho você resolve os problemas que vão se apresentando e retirando todos os obstáculos para chegar ao terceiro andar, o coração, a plenitude da sabedoria, onde tudo ganha um significado mais amplo, se abre para o infinito... É nesse terceiro andar e também nos seguintes, vísceras, pélvis, que se processa a alquimia do amor, a transmutação da mágoa e de rancores em caminhos de compaixão, de compreensão da dor humana. Compreender é ser ressonante, deixar-se tocar pela vibração que vem do outro. Nesse sentido, a gente se irmana, os prédios ficam conectados, ajudam-se mutuamente. Indo mais adiante, você vai enfrentar as questões viscerais da covardia e da coragem e, por fim, a potência como mulher diante do homem e diante da vida... Enfim, o que quero dizer é que agora você já está pronta para chegar à frente do edifício. O que não é pouco. Já pode acessar a ponte, aceitar ajuda. Pode descer pelo meu elevador, isto é, ser levada ao coração por meio dos meus recursos, ter a humildade de pegar carona. Claro que o sonho é seu e essa Maria é a sua Maria, um recurso já seu. Nosso contato despertou isso, mas a coisa estava pronta dentro de você, o fruto estava maduro para ser colhido, digamos assim. Para os passos seguintes, você tem de explorar mais, dispor de mais instrumentos. Você conseguiu dissolver o bloqueio do pescoço, entrou no coração. Mas o bloqueio pélvico, que é mais profundo, ainda está meio cru, exige mais trabalho...
— Podia explicar melhor?
— Acho que o seu medo desse homem, dessa figura masculina, fez você acordar. Isso indica que foi demais pra você. O sonho ia virar pesadelo. O assunto ainda era demais pra você

naquele momento do sonho. Mas se você está sonhando com ele já está trabalhando nessa direção. Vamos mais devagar aqui. Deixe o sonho trabalhar por ele mesmo. O interessante é que quando você desce até a porta, pega o caminho normal, como uma pessoa comum, sem a proteção dos "poderosos", dos "especiais" deste mundo, que ficam "no topo", aí, sim, tem condições de saber de fato de você mesma, de seu medo do tal homem, por exemplo. Ali a coisa é pra valer. Lá em cima, no "castelo real", na torre, a gente pode se enganar; ficamos defendidos das misérias e dos medos da vida real, isto é, não real, plebeia ou humana de verdade. De lá, do topo, de longe, no universo do nosso pensamento isolado do resto de nosso ser, intelectualizando as coisas, como saber de nosso medo? E, se não soubermos de nosso medo, como enfrentá-lo e transformá-lo? É por isso que se diz que a coragem de verdade só começa quando suportamos sentir nosso próprio medo sem ficar paralisados nele, quando vamos adiante com medo e tudo. Sem negá-lo, pois isso seria valentia inconsequente, que em geral causa estragos para a própria pessoa e para os outros. Encarar a cena do homem brutal que te dá medo já é meio caminho andado. Abriu um canal, não dá mais para esquecer, negar. Agora o processo nasceu e, uma vez que algo nasce, surge também uma tremenda força para continuar na vida. Penso que sua ideia de ter aulas de alguma arte marcial e aumentar sua força física pode ser boa para lidar com essa questão do medo de sofrer uma agressão física. Mas posso adiantar que há em você uma força emocional e mesmo física que você ainda desconhece... E a força emocional, a força do feminino, pode ser enorme. Como a força espiritual... A gente ainda sabe muito pouco disso tudo...

— Com certeza. Consegui entender no coração o que você diz. Estou me sentindo bem, nutrida, no caminho... Na direção de algo muito importante.

UM CARRO DE LIXO QUE VEM DE LONGE

Na conversa, senti que não dava para ir além com Daisy na questão da figura do homem violento que empurra para cima dela uma carroça de lixo, ameaçando atropelá-la ou estuprá-la. Se ela acordou com angústia nesse momento do sonho é porque ainda não tinha condições de resolver essa parte. Podia enxergá-la, o que não é pouco. O processo começou, nasceu. E tudo que nasce tem um impulso tremendo para continuar vivo, crescer, ir em frente.

Mas vale uma palavrinha sobre esse tema.

O que vinha antes no sonho preparava o caminho, aprofundava para algo mais complexo, que é o tema do homem bruto. Ao adquirir naquele momento um grau de consciência maior de si mesma – um verdadeiro mapa de seu estado de ser naquele momento da sua vida, enxergando-se como alguém que está no topo do prédio e, ao mesmo tempo, aprisionada nessa posição –, Daisy se vê preparada para dar o passo seguinte. O topo do prédio é um símbolo complexo, de muitas dimensões. Uma delas refere-se ao fato de ela ter vencido na vida, conseguido sucesso profissional; é reconhecida e se reconhece como bem-sucedida nesse ponto. Outro aspecto desse símbolo é o de ter alcançado desenvolvimento mental, capacidade intelectual, da cabeça, isto é, o topo do corpo. Nesse sentido, o prédio poderia ser compreendido como uma imagem de sua corporalidade, e ela como uma conquistadora da capacidade racional e prisioneira disso, uma vez que não consegue ultrapassar tal situação, ir além do lógico e do analítico e entrar na área cardíaca, ou seja, tomar posse de sua afetividade e de sua intuição e assim chegar à maturidade de seu ser, de toda a sua corporalidade, à potência genital em sua dimensão total, à ação consciente e forte, ao gesto integrado e significante que é a qualidade humana plena.

No sonho ela enxerga a situação com clareza. Depois dá mais um passo: faz contato, conecta-se com o prédio ao lado, estabelece a condição para fazer uma relação verdadeira e profunda com o outro de si. Reconhece que não está sozinha neste mundo e que as conexões são caminhos essenciais para o crescimento pessoal. No mesmo momento em que o outro ganha existência para ela, seu próprio existir se amplia, acontece em plenitude: ela não só existe, mas é! Seu olhar ganha horizonte, desgruda do próprio nariz, abandona a miopia, enxerga o outro (o prédio), e por isso é uma pessoa – um ser em relação, capaz de saber de si o suficiente para não se sentir tão ameaçado por entrar no "prédio alheio". Pode ir até o outro confiando que saberá o caminho de volta a si mesma, criando assim um campo de trocas vitalizantes.

Daisy vai ao chão, à porta de entrada do prédio. Nesse momento, ela "põe os pés no chão", ganha senso de realidade e, ao mesmo tempo, um tanto de segurança verdadeira, um ponto de apoio para continuar a viagem para dentro de si. A pergunta essencial "Quem sou eu?" se enriquece, ganha mais uma dimensão. Daisy tem agora potência para se encontrar com algo seu que exige mais estrutura – seu medo. Depara com as forças destrutivas: o homem mau. Ela dá de cara com o Barba-Azul – a figura arquetípica do predador –, tanto o interno como o externo. Em outro capítulo vamos dar uma olhada mais abrangente na figura do Barba-Azul e seu significado no nosso psiquismo.

O homem mau não a enxerga. Quer passar por cima, joga o carro de lixo em cima dela. Carro de lixo. Não um Jaguar, mas lixo. Há uma ameaça de estupro, um atropelamento, uma violência que a impede, que a castra em seu movimento de retomar a si mesma, de entrar como gente no prédio, como pessoa digna e normal, pela porta da frente.

Aqui me permito algumas reflexões. É bem provável que Daisy, como tantos de nós, tenha sofrido em sua infância abusos, falta de consideração, atropelamentos, estupros. Não falo aqui de gestos evidentes de estupros, daqueles passíveis de pedir socorro à polícia. Falo de gestos de sabotagem mais sutis, mas não menos castradores. Desrespeito, falta de consideração e, principalmente, gestos dúbios, que carregam dupla mensagem quando com uma das mãos alguém nos faz um afago e com a outra nos põe pra baixo. Por exemplo, a mãe que supre as necessidades físicas da criança, oferece colo e suporte em certo sentido, mas se omite covardemente diante do autoritarismo despótico do pai, deixando a criança sozinha diante de uma situação que está muito além de suas possibilidades de se defender. Ou mesmo o pai imaturo e impulsivo, que às vezes é afetivo, cheio de afagos e carinhos quando lhe dá na veia, mas nunca está em sintonia com a necessidade da criança no momento em que ela precisa. Dá segundo sua própria conveniência e da mesma forma tira, sempre voltado para o próprio umbigo, ignorando o movimento da criança, nunca entrando em ressonância com ela; ao contrário, faz a criança entrar na dele, girar em sua órbita. Há também aquelas pessoas que adoram dizer certas coisinhas que ridicularizam, humilham o outro. Enfim, são muitas e variadas as formas que nós, seres humanos, temos de insultar alguém. Infelizmente ainda as usamos em grande escala.

Tais experiências na infância podem nos deixar vulneráveis aos "homens maus", pessoas destrutivas que encontramos em nosso caminho ao longo da vida. Porém, o mais importante é que esse personagem só está surgindo no sonho de Daisy porque está dentro dela. Essa energia de destruição está em seu inconsciente. Certamente estará presente também em algumas de suas formas de autodefesa, incorporada em gestos bruscos, desrespeitosos a outras pessoas; é um padrão de funcionamento. Para livrar-se desse personagem, Daisy terá de identificá-lo e combatê-lo fora de si, quando se vê vítima fácil de abusos desse tipo, e dentro de si, quando, sem se dar conta, passa por cima dos sentimentos de alguém.

A destrutividade deve ser combatida em todo lugar onde ela esteja. No mundo, no social, na cultura, com certeza. Mas isso não basta. Também dentro da gente, de cada um de nós, a força do homem mau precisa ser reconhecida e enfrentada. Como? Antes de mais nada, Daisy é chamada a compreender, a tomar consciência desse homem mau dentro de si mesma, que sabota sua autoconfiança e castra seus movimentos de saúde. Ela precisa se colocar com firmeza na vida. Sabemos que essa figura, a energia do homem mau, está em ação quando nos encolhemos e duvidamos de nós mesmos nos momentos em que alguém está nos passando para trás, nos pressionando. Como aconteceu com Lisa, que conheceremos em um capítulo mais adiante, que não sabia por que estava se sentindo tão mal "só porque seu pai não viera visitá-la". Na verdade, havia ali uma falta de consideração que ela não acessava e acabava cometendo com ela mesma a deslealdade que recebera da mãe – ficava do lado do agressor e o justificava; permitia-se ficar na posição de vítima.

Às vezes, o agressor interior se esconde naquela vozinha desleal que sopra no nosso ouvido em situações de apuro, empurrando-nos culpas que não são nossas, encolhendo-nos, amedrontados. Uma voz dentro da gente que não está ao nosso lado, não é nosso testemunho leal, que nos nega e nos entrega ao Barba-Azul, nos faz prisioneiros e engessados, sem ação, diminuídos.

É frequente e quase inevitável que uma pessoa que deixa que seus limites sejam ultrapassados, permitindo violências passivas ou ativas, mascaradas ou explícitas, acabe criando dentro de si um dique de amargor e ódio, prestes a explodir ou implodir a qualquer momento. A vítima, nesse caso, traz em si o algoz, que agirá com crueldade contra alguém ou contra si mesmo, numa autossabotagem – a bomba no rabo do *poodle* de Carla.

Parte II

Carila, uma história sem fim

Crime e reparação

Deixando um pouco Curvelo e São Paulo, viajaremos até a Grécia antiga para trazer de lá uma história que pode iluminar uma realidade muito importante nos dias de hoje: a crueldade inconsciente com que às vezes tratamos os outros... Vamos refletir sobre um mito grego que fala da consciência, do pecado de se ferir o outro e nem sequer perceber. A falsa candura de ignorar a dor alheia, mesmo aquela que estamos causando. Sim, às vezes podemos negar o outro a tal ponto, a um extremo tão intolerável, que acionamos nele forças imponderáveis de denúncia e exigência de reparação, forças essas maiores do que a própria vida. É quando nem a vida vale mais do que a recuperação da dignidade, da humanidade – a gota d'água que Chico Buarque canta tão bem.

Traduzindo, se eu piso no seu pé ou no seu coração, eu causo um mal ou uma dor, é claro. Se, além disso, eu simplesmente ignoro o fato, nem sequer me dou ao trabalho de pensar no assunto, de tomar consciência de que você ficou ferido, eu estou o insultando num limite que pode ser perigoso, intolerável para você e para os deuses da vida, que não deixarão que isso fique assim. Algo poderá explodir a qualquer momento porque, apesar de minha cegueira e indiferença, toda injustiça grave fica como um fermento ruim, inflamável. Isso pode acontecer na grande teia social, num casamento ou numa simples amizade.

Vamos, pois, à história de Carila, como nos é contada por Plutarco e no livro *As núpcias de Cadmo e Harmonia*, de Roberto Colasso.

EXPIAÇÃO E TAPINHA NAS COSTAS

Na cidade de Delfos, uma seca terrível causou grande miséria e carestia. Seus habitantes temiam não sobreviver à fome. Acompanhados de mulheres e crianças, decidiram suplicar ao rei por ajuda. O rei não só os recebeu como pediu aos servos que colocassem diante do povo algumas poucas cestas.

Delas o rei ia retirando sorgo e legumes, e começou a distribuí-los entre os cidadãos. Começou pelos notáveis da terra. À medida que se aproximavam os mais pobres, os servos afundavam cada vez mais as mãos na cesta e dali retiravam porções cada vez menores. Por fim as cestas estavam vazias e o rei se viu diante de muitos pobres que ficaram sem nada, à espera. Foi quando uma menina chamada Carila, uma órfã solitária que ninguém protegia, adiantou-se na direção do rei, pedindo comida. Irritado, o rei simplesmente jogou a sandália no rosto de Carila. A órfã voltou para a fila dos pobres, e de mãos vazias voltaram todos para casa.

Carila saiu de Delfos, foi até a beira de um precipício, desatou o cinto virginal, amarrou-o em volta do pescoço e se enforcou. A cidade continuou assolada pela seca e pela miséria, com a desnutrição e as doenças matando sem piedade.

Confuso, o rei dirigiu-se ao santuário de Apolo e consultou o oráculo sobre o que fazer para acabar com o flagelo. Pítia, porta-voz do deus Apolo, respondeu: "É preciso reconciliar-se com Carila, a virgem suicida".

O rei desceu a Delfos perguntando quem era Carila. Ninguém sabia ao certo. Talvez algum mito esquecido, cogitavam os habitantes. Foi uma das tíades, sacerdotisas de Dionísio, que se recordou do gesto do rei – a sandália atirada – e o relacionou ao desaparecimento da menina. A tíade saiu com suas companheiras à procura de Carila e encontrou o corpo da menina ainda balançando ao vento, pendurado num ramo. Cuidadosamente a sepultaram. De volta a Delfos, as tíades explicaram como haviam encontrado Carila. Agora era preciso aplacar os deuses e expiar a culpa. De que maneira? O rei e os melhores teólogos da cidade deveriam encontrar a fórmula justa de expiação para responder a Pítia, a porta-voz de Apolo. Decidiram então por realizar um sacrifício e uma purificação. Mas como organizar um sacrifício digno em meio àquela miséria toda? Os teólogos sabiam que era preciso realizar um sacrifício no caso de haver um desequilíbrio da vida em relação ao que é necessário, tanto na superabundância quanto na falta. Nos dois casos, na dissipação e na carência, existe uma parte que deve ser corrigida para que as forças sejam distribuídas de forma equilibrada, que "nada seja demais". Ao prejudicar os pobres na distribuição de comida, o rei lhes negara a vida. Ao humilhar Carila, praticara um sacrifício indigno, sem rituais. Ao enforcar-se, Carila tentou tornar pública a sua revolta, mas ninguém soube, ninguém viu. Os habitantes de Delfos, já dizimados pela fome e pelas pestes, nem notaram seu desaparecimento. Não entenderam que ela fora vítima de um sacrifício de protesto. Nem se importaram, porque ela era uma vítima perfeita demais, virgem, órfã, ignorada e desprezada pelo poder oficial, pelo rei. E as vítimas muito perfeitas apontam para uma verdade terrível: os deuses querem sobretudo a verdade e a tomada de consciência, e não meros sacrifícios formais. Expiar uma culpa não significa dar um tapinha nas costas do ferido, fazer o oposto da ofensa, mas sim repetir o gesto culpado, com variantes que permitam tomar consciência da falta praticada. A culpa não estava tanto em determinado ato, mas em tê-lo cometido inconscientemente, sem nem saber ou nem ligar para as suas consequências. A culpa mesmo era não ter tomado conhecimento do triste fim de Carila.

E assim os habitantes de Delfos prepararam a seguinte cerimônia: foram ao rei pedir comida, como naquele dia, e ele distribuiu alimentos, porém, dessa vez, deu uma porção igual a todos, ricos, pobres e até estrangeiros. E Carila? Era representada por uma estátua dela própria. O rei tirou a sandália e lançou-a no rosto da imagem que representava Carila. Então a sacerdotisa pegou a estátua, amarrou-a pelo pescoço com uma corda e levou-a ao lugar onde encontrara o corpo de Carila. Ali ela foi pendurada e ficou balançando ao vento. Depois a enterrou junto ao corpo de Carila. Aquela cerimônia marcou o fim da seca, da fome e da carestia. Ela foi repetida por muitos anos e depois lembrada por Plutarco, porque quando a gente não entende seu sentido as coisas tendem a se repetir. Por isso Plutarco lembrava aos habitantes de Delfos a história de Carila.

Quem é Carila entre nós hoje, quando a inconsciência e a inconsequência continuam a ferir e até a matar? De quem é a ferida cuja dor eu ignorei? A quem eu neguei algum tipo de alimento, a quem continuo negando? Já deu para perceber que os deuses da vida não aceitam as desculpas de "não sei", "não vi", "foi sem querer". Só isso não basta.

ORA, MAS O QUE FOI QUE EU FIZ?

O texto com a história de Carila me foi trazido durante uma terapia de casal. Aquele casamento passava por uma grande penúria, uma grande "carestia" de carinho e amor. Violência e incompreensão eram abundantes. A mulher, em desespero de causa, como Carila, resolvera terminar o casamento, numa tentativa de denunciar os insultos provocados pela inconsciência crônica do parceiro. Ela reagiu à violência ameaçando "suicidar" o casamento. Mas isso não fazia retornar o equilíbrio. A peste se mantinha firme e a fome afetiva continuava a assolar a família. Os dois buscaram então uma terapia de casal que fizesse o papel do oráculo, Pítia. Ao oráculo compete fazer a pergunta correta e sugerir a cerimônia que viabilize a recuperação da consciência. O rei que deveria se abrir para saber de si, das consequências dos seus gestos, era, naquele momento do processo, o marido, que não tinha a menor ideia "de quem fosse Carila".

Por exemplo, ele flertou e até teve o que chamava de "uns amassos" com uma moça que era amiga e cunhada de sua mulher. O comportamento do marido feriu pública e privadamente as partes ofendidas. Mas, na ocasião, ele alegava que não tinha consciência do que fazia... Afinal, chegava a dizer que "o ato não se consumara", sexualmente falando. E não sabia por que sua esposa fazia tanto alarde de uma coisa tão sem importância – para ele! Diante dessas palavras do marido, a mulher levantou-se e anunciou que não queria mais ouvir aquilo, que sairia da sessão, da terapia e do casamento. Chegara ao seu limite.

E foi assim, vendo sua cidadela pegar fogo, que esse homem, assim como o rei de Delfos que não controlava mais a miséria, reuniu finalmente seus sacerdotes interiores e começou a busca para saber quem era Carila no seu caso. Como era uma pessoa culta, com bom acesso à cultura grega, convidou a mulher para uma última sessão, e então trouxe esse texto da história de Delfos e o leu em voz alta. A mulher explicou pela milésima vez que sua maior dor, a dor insuportável mesmo, era o fato de o marido não achar nada demais nas grosserias que cometia. E não somente no campo da sexualidade. Sua queixa era de que, de modo geral, ele não enxergava o outro, não percebia quando suas atitudes feriam alguém. Como ela dizia, ele era o típico "pimenta nos olhos do outro é refresco". Ou seja, a inconsciência é essa impossibilidade de entrar em sintonia com o outro, vestir sua pele, sentir junto sua dor. O inconsciente é alguém que se fecha em si mesmo e ignora o outro.

Errar, dizem, é humano. Desumano é ignorar o erro, passar por cima. Pisar no pé e no coração do outro pode acontecer. E fere. Mas o pior mesmo é não se dar conta, não se interessar em perceber. Aí já não é só ferir, é negar o outro. A inconsciência é um mal. A negação do outro é intolerável.

Infelizmente, esse mal é muito popular na nossa cultura. Certa vez, durante uma sessão de casal, um dos dois disse: "Pelo visto, eu só levo desvantagem por ter consciência". O outro não vê, não percebe a dor que causa nem se sente responsável por ela. É o tal de "Foi sem querer", "Não foi nada pessoal"! Claro, o rei também não quis atingir Carila. Aliás, a menina nem chegou a existir para ele. Ela era apenas um obstáculo ocasional, uma "coisa" que encarnava sua frustração no momento. Sem mentir, o rei poderia ter dito que "não foi pessoal". Na verdade, o rei estava fechado em si mesmo, no seu problema. Carila não importava para ele, não era levada em conta. Era negada.

Com o suicídio, Carila tornou público o seu repúdio à inconsciência e à crueldade do rei... Seu grito soou no deserto de seres humanos submetidos a tal situação de miséria que nem tinham energia para sustentar a consciência da menina contra a maldade do rei que lhe jogou a sandália no rosto. Foi preciso que Pítia, a porta-voz de Apolo, uma voz solitária, criasse uma frequência de consciência capaz de iniciar a onda de reconstrução – a que abriu a percepção e viabilizou a reparação. Sua voz encontrou ressonância nas sacerdotisas, a onda foi crescendo e uma teia de consciência foi se formando. A rede tomou toda a cidade. As pessoas deram um salto de consciência – o primeiro passo para sair da miséria em que estavam submersas.

Esse é um bom exemplo da importância da criação de redes de consciência e da sua força. Plutarco, sacerdote e erudito, foi quem retomou esse fato e sua lição muito tempo depois, quando a consciência estava outra vez perdendo força e mergulhando o povo novamente nas sombras da inconsciência. Ele volta a colocar a questão: "Afinal, quem foi Carila? Por que durante tanto tempo repetiu-se um ritual?" Isso porque o ritual morrera, perdera a consciência, como uma instituição que perdeu o sentido, como as religiões que se tornam conservas culturais, enlatados, e já não estimulam a evolução.

Essa voz que levanta a questão, que com paciência e sabedoria vai em busca da história viva e procura ouvir o grito de repúdio da menina suicida, é hoje essencial. Cada um de nós pode ser, à sua maneira, um Plutarco, um sacerdote ou uma sacerdotisa que revitaliza a verdade, que não deixa ser esquecido o gesto da vítima, mas o leva adiante, encontra as formas de purificação da culpa.

Somos responsáveis por todos os nossos gestos. E eles têm consequências inevitáveis, positivas ou negativas. Cada um colhe o que planta. Os deuses da vida não se importam com a alegação de que "foi sem querer", de que não foi consciente. Tanto pior, a inconsciência é apenas um crime a mais.

Claro que a história de Carila se aplica também aos "reis" que comandam nosso país em crise. Porém, o mais importante ainda é que a consciência seja uma prática nossa de cada dia. Ou melhor, de cada momento, de todo instante. De dia e de noite, nos sonhos, nas pequenas coisas do cotidiano. No cuidado com a fala áspera, na hora em que se faz uma brincadeira de mau gosto sem perceber que dói no outro. Quantas vezes atiramos a sandália no rosto de alguém... Lógico, não foi por mal. Foi por aquela linda ingenuidade que só se sustenta porque não levamos o outro a sério...

Existem, e são frequentes, as vítimas profissionais, que jogam com a culpa para levar vantagem. Em outro trecho deste livro eu falo da culpa neurótica, de uma atitude de encolhimento e medo que leva a pessoa a estar sempre devendo, sempre envolta em contas não ditas, ou malditas, dentro de um jogo sadomasoquista em que a vítima e o algoz se alternam, cada um do seu jeito culpando por todo o sempre o outro por alguma coisa. Essas pessoas são capazes inclusive de criar uma relação neuroticamente estável, em que um está sempre devendo ao outro uma conta impagável. Gente que vive numa culpa que toma conta de tudo, contamina cada gesto, pensamento e sentimento.

Mas com isso não quero negar que existam vítimas de fato. Vítimas reais e algumas delas perfeitas, como Carila. É aí que precisamos ter coragem para encarar o mal que causamos, suportar nos olharmos por aquele incômodo ângulo desfavorável de nós mesmos. Suportar essa experiência e repará-la. Isso requer muito amor – por nós mesmos, em primeiro lugar. Condenar-se não é tão difícil quanto aceitar-se – e retomar a reparação, a consciência, o caminho.

Aliás, a melhor cura para a culpa neurótica, a culpa sem sentido que no fundo é puro medo, é tentar manter sempre a lucidez, a consciência e a discriminação que nos faz autores e coconstrutores de nosso destino. É isso que nos faz ao mesmo tempo sabiamente deuses e verdadeiramente humanos. Assim, quando alguém chegar e nos apresentar contas que não são nossas, duplicatas de mercadorias que não levamos, crimes que não cometemos, teremos clareza e força para não pagar e sim denunciar o engodo, a corrupção, e ainda exigir a reparação devida. Consciência é clareza, é conhecer o nosso lugar e a nossa função em cada momento da vida. É pagar, com honestidade, as contas realmente devidas, denunciar as manipulações, as chantagens afetivas, profissionais, políticas e todas as outras.

Isso é reconciliar-se com Carila.

COMO A HISTÓRIA CONTINUA

Há outra observação importante a ser feita: por que hoje ainda estamos contando a história de Carila? Por que ela foi uma vítima, digamos, bem-sucedida? Uma das razões da sua memória viva na consciência das pessoas é que Plutarco, um grande sábio e artista, relembrou sua história muitos séculos depois. Plutarco cumpriu aí sua função de guardião da ética, despertador da consciência, aquele que não deixa a verdade ficar embalsamada, esquecida. Ele a traz de volta à vida e zela pela eternidade do seu significado.

Outra razão é o fato de Carila não ter aceitado ser negada, tratada como um nada, um não ser. E então, do jeito que pôde, expressou seu ser, fez o gesto da potência contra a prepotência, mesmo no limite, por meio do suicídio, oferecendo-se em sacrifício em nome da vida, de uma vida minimamente digna. Ela quis dizer que nem a vida vale mais do que a dignidade humana.

Outro aspecto importante: o pecado não foi somente do rei que atirou a sandália no rosto de Carila, ignorando a dor e a humilhação que causava. O pecado foi de todas as pessoas que não tomaram partido, não denunciaram o desvio, a crueldade. Estamos todos num mesmo campo: a vida, a existência. Tudo que atinge uma Carila afeta todos e tudo. O cosmo é um espaço só, um lago onde qualquer sandália jogada provoca ondas, até a última morrer na praia.

Lisa e o rei

Lisa, 35 anos, casada, três filhos pequenos. Boa formação profissional, doutorada, tem muita dificuldade de se impor com força na profissão e na vida.

Certo dia ela chega à sessão muito gripada, sem energia. Fala de seu fim de semana num tom de lamúria, resmungos que tornaram difícil para mim entender se a coisa era mesmo séria. O que ela comumente transmite é que não é nada sério, apenas manhas infantis. Queixas impotentes. Diz ter ficado meio chateada porque seu pai lhe telefonara na semana anterior dizendo que viria passar o domingo em sua casa e acabou não vindo. Acho estranho tanto mal-estar só pelo fato de o pai não vir. Afinal, sua relação com ele é distante... Sinto que ela não está conseguindo se expressar adequadamente, que está confusa, e deixo que continue falando, procurando a si mesma. Lisa resmunga, resmunga, diz que está sem energia, cansada. Eu proponho que ela se deite no divã de terapia corporal para que a gente faça um trabalho, tente buscar o caminho do corpo. Ela parece não gostar muito da proposta, mas, como sempre, não se recusa. Noto isso e vou mais devagar. Ela se deita e me conta que teve uma violenta enxaqueca depois desse episódio com o pai. E aí eu tenho a certeza de que o caminho é mesmo terminar a conversa, encarar a questão com vontade. Ajudá-la a entender melhor a relação com o pai, expressá-la. Ela diz que está com um pouco de enxaqueca.

— Enxaqueca? De que lado?
— Direito.
— E de quem você sente tanta raiva?
— Raiva?
— Raiva e medo misturados... Isso é enxaqueca.

— Acho que do meu pai mesmo...
— Acha ou sentiu mesmo?
— Pois é, senti mesmo...
E quando vai começar a se explicar por medo da afirmação mais clara da sua raiva eu a interrompo:
— Espere aí. Não se justifique ainda. Você ficou com raiva do quê?
Mais alguns rodeios e ela acaba dizendo que esperou o pai o domingo inteiro. Ele não só não veio como sequer telefonou para avisar que não viria. No fim do dia ela ligou e ficou sabendo.
Começo a entender um pouco mais profundamente a questão:
— Espere um pouco. Então, pelo que estou entendendo, o que a deixou chateada não foi o fato de ele não ter vindo. Foi de não ter lhe avisado que não viria! Isso é muito diferente! Você percebe que é diferente?
— Pois é. Eu, aliás, nem queria que ele viesse. Com três filhos pequenos, um bebê de seis meses de idade... No domingo, eu quero mais é ficar no meu canto. Ando exausta...
— Você tentou dizer isso a ele, que não era um bom momento para receber visita?
— Ah, não dá para dizer isso. Ele ficaria muito bravo. E, depois, ele disse que traria minha mãe e minha tia. E todos eles são pessoas que não participam, só criticam, exigem cuidados. Minha mãe está sempre insinuando que eu não sou boa mãe... Minha tia quer que a gente a paparique, a sirva. Então, é um saco. No final do domingo eu, afinal, telefonei pra eles...
— Eles quem?
— Meus pais.
— Para os dois ao mesmo tempo? Essa pessoa, meus pais, não existe. Com quem você falou?
— Bem, na verdade...
Ela enrola mais um pouco, fala, fala e acaba dizendo que falou com a tia. Reclamou, resmungou um pouco com a tia, que,

impotente, chamou a irmã, a mãe de Lisa. Então diz que conversou um pouco com a mãe, que alegou que o pai já não tinha mesmo intenção de ir à casa dela, que, aliás, estavam saindo para o cinema...
— E por que você não falou com seu pai?
— Não sei... não deu... foi minha mãe que veio ao telefone...
— E você estranha que sua mãe tenha vindo atender o telefone?
Ela enrola de novo. E eu lhe digo que isso é óbvio, sempre foi assim. Ou estou errada?
Ela ri. Reconhece:
— É. Seria estranho que o pai viesse falar disso ao telefone.
Eu brinco, mas falando sério:
— Claro, um assunto desses é para um subsecretário e não para o rei!
Lisa ri. Rir e brincar são as formas mais eficientes e sérias que temos de comunicação. Ela agora admite:
— De fato, ele é o rei. Sempre mimado por todos nós, minha mãe, eu, meus irmãos. Todos ficam cheios de dedos tentando lhe agradar... E por qualquer coisa ele fica muito bravo.
— E você tem medo de cara feia?
— Pior é que tenho. Eu gaguejo, paro de pensar, fico burra...
— E, dessa vez, teve enxaqueca. Uma enorme raiva. Um medo imenso. Do quê, exatamente?
— Ah, ele fica muito bravo.

O REI DA CARA FEIA

Conversamos longamente sobre essa questão. Fomos e voltamos. Dramatizamos várias vezes a cena do telefonema, de diversas formas. Como na história de Carila, em que era preciso sempre encenar de novo o acontecido, até que a consciência fosse plena e Carila, a vítima, fosse aplacada. Só que antes disso, no caso de Lisa, ela precisava ter coragem de saber-se vítima.

O grande mérito de Carila foi ter consciência de que aquilo era indigno; ser tratada daquele jeito era ultrajante. Era ser negada. Lisa, pelo contrário, dizia que sentiria culpa se acusasse o pai de "alguma desconsideração", como ela relatava.

— Imagine. Nunca ninguém fez isso com ele. Eu não teria coragem. Eu sentiria muita culpa...

— Culpa? Culpa de quê?

— De acusá-lo...

— Acusá-lo de ter desconsiderado a filha? Você não acha que o ato dele é que foi ruim e não o seu, por denunciá-lo?

— Nunca tive coragem de dizer isso. Nem ninguém. Ele é todo-poderoso. Mas eu sempre soube que ele tem um lado infantil, e... (Não termina a frase, desvia o olhar, faz cara de paisagem, ia mudar de assunto...)

— Coragem, termine a frase...

— ... e egoísta! Só pensa nele. Como ele não poderia ir até a minha casa, nem se lembrou mais do assunto. Não foi por querer. Ele não presta atenção nos outros. Está acostumado a ser mimado.

— E você sente culpa do quê?

— De acusá-lo...

— É culpa mesmo? Não acho que este seja o nome certo para o sentimento. Não é culpa, é medo.

Ela reconhece seu medo. E sua raiva, agora que tem menos medo.

Medo de quê?, afinal, eu insistia, no papel de Pítia, o oráculo de Apolo:

— Em primeiro lugar, de caras feias — eu a ajudava a discriminar. Dessa estratégia de apequenar os outros por meio de expressões faciais, "caras e bocas", como se diz. É uma tática sempre muito eficiente, mesmo com adultos. Imagine então com crianças, como era o seu caso com o pai, na infância. Preste atenção da próxima vez em que estiver com alguém que usa muito esse recurso. Ele é forte, funciona. A gente diz algo a uma pessoa e ela fica imóvel, não mexe um músculo, não dá resposta alguma, nos deixa no vazio. Ficamos sem qualquer indício de como lhe chegou aquilo que dissemos. Esse conjunto já sinaliza que não estamos agradando muito, joga um pouco de água fria no nosso movimento. Diminui nossa excitação, desvitaliza. Mas aguentamos e seguimos adiante, agora com mais força, colocando ainda mais energia, desejando muito conseguir tocar o tal sujeito, o nosso interlocutor. Aí ele faz algo mais forte: uma cara toda especial, torce o nariz, a boca, numa expressão de quem sente cheiro de merda em algum lugar... E, aí, batata! Se você não estiver muito preparada pela vida, passará a cheirar seu sapato para verificar se não pisou no cocô do cachorro. Na próxima tacada do rei em questão, cuidado! Você pode instintivamente cheirar a manga de sua blusa, ou sei lá o quê... As caras dele vão lhe informando que você só fala merda. Em seguida, repentinamente, ele vai mudar de assunto, como se você não existisse e não tivesse falado aquelas besteiras. Como se lhe desse uma chance, apagando generosamente suas ações incompetentes, apagando *você*! A postura dele, é claro, indica que a resposta correta da sua parte é agradecer a gentileza... Aí você já estará pequena como um grãozinho de arroz, ou de gente. Gente? A essa altura você já nem se sente. Encolheu-se toda. E o rei lá em cima, enorme, inatingível. Agora imagine esse tipo de treinamento a vida toda, desde o berço!

Então eu respeito o medo de Lisa diante das caras feias do pai. E a ajudo a entender a situação.

O segundo medo é o de abandono. Aí é que surge nela a menina órfã, a Carila, sem retaguarda na vida, dependendo da caridade do rei para sobreviver. Ou seja, as caras feias expressam desprezo e contêm algo mais perigoso: a ameaça de abandono. Uma chantagem afetiva é jogo duro. Se bobear, Carila é descartada do jogo da vida como um traste qualquer.

LISA-CARILA, ESSA ÓRFÃ

A mãe de Lisa é outra rendida ao medo do rei-marido. Desistiu da luta de Carila de denunciar a crueldade. Virou vítima inconsciente e, portanto, coautora dos crimes do rei. Nesse campo, essa mulher não é mais mãe no sentido mais profundo da palavra. Ela não defende sua prole, por exemplo.

Refletíamos sobre tudo isso quando Lisa interrompeu a sessão para ir ao banheiro. Precisava de uma pausa. Voltou me contando:

— Enquanto eu fazia xixi, lembrei-me da conversa com minha mãe ao telefone. Ela não deu a menor bola para minha queixa de não terem avisado. E, como sempre, defendeu meu pai. Enrolou, mudou de assunto.

— Ela se recusou a lhe dar testemunho da ação de desrespeito de seu pai. Concorda?

— Verdade. Como sempre, fica do lado dele sem nem sequer tentar entender o que os filhos querem dizer.

— Se você conseguisse expressar sua indignação por eles não terem avisado que não vinham mais, por terem deixado você, seu marido e seus filhos pendurados o domingo todo esperando por eles, o que ela teria dito?

— Ah, teria me censurado. Diria que eu estou desrespeitando meu pai e que isso é horrível. Ela colocaria toda a culpa em mim. Falaria que ele não tem de justificar suas atitudes, e que eu estou sendo malcriada. Mas eu queria contar um detalhe que acabo de me lembrar no banheiro, e me doeu. No final da conversa, eu disse a ela que eu estava doente, com febre, e me sentindo muito mal. A única resposta dela foi: "Mas você não passou essa gripe para o bebê, passou?" E eu me encolhi de novo, sem nem perceber que fazia isso. Só agora me dei conta. E respondi: "Não. O bebê está bem". E desliguei o telefone esvaída, quebrada, acabada.

— Você percebeu naquele instante, em algum lugar de si mesma, que era órfã de mãe. Que ela não tem coragem de se assumir como tal. Está presa no lugar de esposa do rei...

— Me sinto tão só! — Ela começa a chorar baixinho, prendendo o choro...

Então eu acaricio sua cabeça. Sinto-a tão cansada, tão abatida. Com um gesto, convido-a a deitar-se. Seu rosto triste se ilumina um tantinho, aliviada pelo acolhimento que eu lhe dou e que a cama lhe dá, um chão, um espaço onde não precisa lutar para ser... Eu lhe digo para deixar a boca bem soltinha... Ela abre os lábios e solta o maxilar, que geralmente mantém trancado, para aguentar calada. Assim, a boca mais aberta, o choro sai mais forte. Eu a incentivo a deixar o choro sair à vontade:

— Você não precisa chorar por dentro, escondido! Isso dá dor de cabeça e sinusite, o choro não chorado, parado, aprisionado. Deixe-o rolar à vontade. Pelo menos se dê o direito de chorar!

— Meu pai ficava muito bravo se eu chorasse quando eu era menina. Me chamava de manteiga derretida e me fazia parar de chorar. Eu era a filha mais velha, precisava ser forte, dar o exemplo aos meus irmãos, cuidar deles, cuidar de minha mãe...

— Agora você é gente grande, adulta. Sua família é outra. Seu marido, seus filhos, eles não a impedem de chorar... Nem eu! Chore à vontade, tudo que você tem direito.

— Minha mãe me censurava por eu chorar porque se sentia criticada como mãe. Dizia sempre que eu devia ser agradecida, que eu tinha tudo na vida...

— Você tinha era de fazer o papel de criança feliz para representar o retrato vivo do sucesso dela como mãe...

Ela chegou-se mais para perto de mim, eu a abracei e ela chorou, depois ficou bem quietinha e adormeceu por uns 20 minutos. Acordou refeita, mais coradinha, aliviada. Em seguida, quase caiu na tentação de ficar com culpa (medo) de ter feito algo errado, por ter dormido na sessão. Desrespeito a mim, ao marido que pagava caro a terapia... Mas conseguimos evitar esse desfecho. Ela saiu recolhida em si mesma, acolhendo a si mesma, tinha em si mais mãe (um olhar materno de acolhimento) e mais pai (um olhar paterno de apoio).

UM REI MIMADO E INOCENTE

Sim. O pai-rei, nesse caso, tem muita dificuldade em ocupar o lugar de pai de verdade. Funciona como uma criança mimada, egoísta, fechada em sua própria vaidade, apegado ao *status*, ao poder. Dificilmente carrega em si a flexibilidade de abrir-se para sentir a dor do outro, entrar em sintonia com o movimento, a vibração do filho, e assim oferecer a ajuda de que ele necessita em dado momento. Esse rei tende a dar aquilo que ele, rei, acha bom, e esse *dar* tem a função de realçar o poder e o *status* reais; é aquele que tem o que dar, o rico da relação, colocando o outro no lugar de súdito, de pobre. Um rei cinco-estrelas pode às vezes, com toda tranquilidade, sentir-se o bom, o generoso, dando um belo e raro chocolate a um filho diabético. Não faria isso por mal, isto é, não teria consciência de seu ato e suas consequências. Faria isso, por exemplo, num momento em que estivesse faltando aquele chocolate no país todo e, portanto, consegui-lo seria prova de seu poder. Dando-o ao filho, ele estaria buscando a confirmação desse poder a ele. O fato de o filho ser diabético... Bem, o rei, naquele momento, tinha se esquecido desse detalhe, estava ocupado demais em demonstrar poder. E talvez até diga, com ar de criança inocente: "Mas, e daí? A gente não pode esquecer nada? Será algum crime um esquecimento momentâneo?"

Pois é! Com um rei desses por perto a gente ainda tem de ouvir coisas assim. E como dá trabalho fazê-lo tomar consciência! Em geral essa tarefa é impossível. Ele não enxerga o contexto. Vê apenas o que lhe interessa, não leva em conta o detalhe que pode prejudicar o filho diabético; nada disso entra facilmente na cabeça de tal rei. Por isso, no mito de Carila entram os deuses: eles enviam a escassez, a seca, uma praga fortíssima que assola toda a cidade. A terra faz greve, não dá mais frutos. Só no limite da sobrevivência, em último caso, uma pessoa que esteja prisioneira no papel de rei pode conseguir enxergar, querer saber e perguntar com sinceridade: "Afinal, quem é Carila?"

O PRIMEIRO PASSO: PERCEBER

Todos nós, humanos, estamos vivendo pragas muito sérias: violência, desagregação social, fome. Essa colheita de pragas indica que temos sido demasiadamente reis.

Praticamos injustiça com a má distribuição dos bens, privilegiando os mais poderosos. O que aciona a indignação não é tanto a pobreza em si, mas o fato, por exemplo, na história de Carila, de a distribuição ter sido tão parcial. A pobreza é um mal, mas a injustiça é um mal maior, intolerável para a dignidade humana.

Praticamos a indiferença e a negação do mal que causamos. Para reparar isso é preciso um esforço gigantesco que rompa a tremenda barreira de ignorância que escurece nosso olhar, nossa cegueira para o outro, nossa dificuldade de entrar em sintonia com a frequência do outro. Tanto nos fechamos em nós mesmos que não podemos captar o "fora de nós" como parte de nós, como um campo de energia do qual fazemos parte, somos um elo. A reparação tem muitos estágios, até mesmo um ritual de purificação, mas o primeiro deles é abrir a percepção.

Todo o meu esforço neste livro é para ajudar nesse sentido. Dar testemunho do que vivi e colocá-lo a serviço de quem estiver disponível para fazer esse esforço gigantesco, como eu estou fazendo, para que a gente possa se abrir e enxergar mais longe, profunda e verticalmente, para dentro e para o alto, e horizontalmente, o meu entorno, o tu, o não eu, e descobrir quem somos, e que estamos todos juntos nessa.

Quem sou eu na história de Carila?

A história de Carila, vivida em Delfos e rememorada por Plutarco, é tão rica em dimensões que vale a pena o esforço de questionar quem somos dentro dela. Na verdade, em momentos diferentes, podemos ser um pouco de cada um dos personagens envolvidos. Vamos então nos rever neles, como num grande e nítido espelho?

SOU O REI

Você pode às vezes se ver como o rei de Delfos, alguém voltado para seu próprio umbigo, enxergando apenas a sua frustração do momento, sua raiva e impotência, incapaz de olhar um palmo além do nariz, míope de alma. Um ser egoísta e sem a menor vontade de ver quem você feriu, onde jogou as sandálias, olhar o rosto atingido. Você está simplesmente apertando o botão do "foda-se o mundo". Muito bem. Só tem uma coisa: a inconsciência quanto ao que está fazendo não muda em nada as consequências. Além disso, que tal lembrar que o mundo é você também? Estragando seu mundo, tornando-o pior, você deteriora junto seu campo de vida.

Por exemplo, outro dia avisei a um novo cliente de terapia de grupo, que chamaremos de Marco, que ele pagaria também as sessões a que faltasse, diferentemente da terapia individual, em que, avisada com a devida antecedência, eu tentaria remanejar o horário. Percebi que ele ficou com raiva, embora, pelo seu caráter, não demonstrasse de modo direto. Apenas se mostrou muito rígido, lançando um olhar meio ameaçador, enquanto dizia que no caso dele era diferente porque nós havíamos combinado outra coisa. Percebi a força da reação dele. Era forte demais para o tema, levando em conta também o fato de que ele não é um tipo folgado, muito pelo contrário. Perguntei-me, como Pítia, o que estaria acontecendo, e qual teria sido a minha falta de consideração, a minha parte na história. Naquele momento eu não me lembrava de haver combinado nada. E nisso eu já começava a ser o rei de Delfos. Combino e não levo a sério, me dou ao luxo de esquecer. Com isso, deixo o outro numa situação difícil. Chamei Plutarco, o sábio de Delfos, aquele que manteve vivos a memória e o sentido da história de Carila. Então me lembrei do que na verdade havíamos combinado. Os sacerdotes e as sacerdotisas aconselharam o rei em mim. Pedi desculpas, me reconciliei com Carila — nesse caso, com Marco.

Conversamos com calma sobre toda a situação. A mãe dele era desse tipo de rei em alto grau. O pior que eu poderia ter feito a ele seria algo como: (a) dizer que não me lembrava sem fazer esforço algum para lembrar, e ainda achar que ele é que estava sendo mesquinho por brigar por uma ninharia; eu estaria agindo num padrão muito semelhante ao de sua mãe; ou (b), dar uma de superior e dizer que eu não me lembrava (e que isso não era nada de mais, afinal de contas!), mas que ele não precisaria me pagar nada (sou superior, não dou bola para ninharias!). Nesse caso, eu estaria em outra variação do padrão da mãe dele. Como Marco havia crescido num ambiente assim, seria muito difícil para ele não se enrolar na situação. Enrolar-se, nesse caso, seria, por exemplo, ser excessivamente agressivo comigo e, com isso, acabar perdendo a razão que tinha. Se eu fosse um rei esperto, poderia até empurrá-lo um pouco até ele se revelar mal--educado comigo, e aí eu viraria o jogo: ele é que teria de me pedir desculpas. Isto é, estaria lhe dando as melhores condições possíveis para enlouquecer, ou, pelo menos, ficar no lugar do louco da história, e do mesquinho e do mal-educado.

A atitude desse tipo de rei é esta: ele não vê, ele nega e tenta anular o outro – Carila.

SOU CARILA

Outras vezes a gente se pega sendo Carila. Pode acontecer e acontece. Faz parte da vida. Ficar paralisado na situação de vítima, aceitar tudo passivamente é tornar-se cúmplice de seu algoz. O que fazer? Ter consciência, clareza e força para dar a melhor resposta possível diante do desafio que se apresenta.

No exemplo que citei, empurrei Marco para o lugar de Carila ao não lembrar do combinado. Ali Marco era Carila. Como tentei explicar antes, não é fácil sair desse lugar. Exige muita consciência. Ele precisava evitar cair na tentação de me atacar de maneira desmedida. Em outra sessão, discutimos profundamente o acontecido até que as coisas ficassem claras. Dramatizamos a situação de várias formas. Ele fazia, por exemplo, o meu papel. Ele era a Maria que me dizia – a mim, no papel de Marco — que não havia necessidade de discutir o assunto pois não brigaria por uma ninharia, que ele não precisava me pagar a sessão... Ele fez muito bem esse papel. Aprendera de berço com a mãe! Falava de modo arrogante e fechava o assunto.

No papel de Marco-Carila, em certo momento eu falava assim:

— Espere aí! Pra mim esse assunto não está fechado. Se para você não há necessidade de discutir, pra mim há!

Ele (como Maria):

— Mas não precisa pagar nada. Já te liberei do pagamento.

Eu, como Marco:

— Você não pode me liberar de pagamento! Eu não devo nada. E, além disso, o assunto que eu quero discutir neste momento não é pagamento ou dinheiro. Esse não é o meu assunto. E se você não quer ouvir o meu ponto de vista, mas passar por cima de mim, serei obrigado a ir embora. Você até tem direito de negar-se a me ouvir, mas então que isso fique claro. Não tenho a menor vontade de falar do *seu* assunto, se você não aceita falar do meu. Não tenho a menor vontade de te olhar se você está me negando. E então, posso falar sobre o *meu* assunto?

— Mas não há mais problema — ele respondia, muito à vontade naquele papel de Maria-rei, com um toque de ironia e sadismo na voz e na expressão.

— Fale por você. Não fale por mim.

— Qual é o seu problema? — ele pergunta, sobranceiro.

E eu-Marco, firme como Carila:

— Existem várias questões. Uma é o pagamento ou não da sessão. Não quero falar disso agora. Outra é o fato de você ter se esquecido do que combinamos. Até aí, tudo bem, acontece, é humano. O que não fica tudo bem de jeito nenhum é o descaso de nem tentar lembrar, não dar a devida importância ao assunto. Não se pode combinar nada com gente assim, que simplesmente esquece e acha que não há problema nisso. Pior de tudo é que você não dá bola para o meu mal-estar e coloca na minha conta-corrente o prejuízo. Eu é que fico no papel de louco e de mesquinho, que invento acordos que não existiram. Como se o assunto fosse dinheiro. Mas o assunto é *a sua falta de consideração* para comigo. O seu desrespeito.

Uma conversa dura e clara, terapeuticamente muito boa. E concluímos que, tanto na vida como na terapia, não há como cultivar uma relação próxima com pessoas que agem assim, como reis que se recusam a consultar sua Pítia, o oráculo que coloca a pergunta, e não acionam em si os sacerdotes que realizam a reparação.

O POVO

No caso de Marco, não havia povo. Só eu e ele, sem testemunhas. A não ser dentro de mim: aspectos meus que tivessem ou não uma voz e um ouvido que pudessem testemunhar o ocorrido. Mas na infância desse cliente havia um terceiro: seu pai era o povo. Ele testemunhou as atitudes da sua mulher que negavam e anulavam o filho. Mas foi um povo que não teve coragem de realizar o ritual de reparação, de fazer de novo o enterro de Carila, relembrar os atos do rei. O pai de Marco fingia que não via nada. Ou não via mesmo, perdido que estava em seu medo e em sua submissão à mãe-rainha. Essa situação é bem difícil para uma criança, pois é preciso muita confiança em si mesma para bancar a própria percepção mesmo quando o outro a nega. E a autoconfiança depende, em grande parte, de como fomos tratados no início da vida. Marco, sozinho, tendo como única testemunha um pai que saía de fininho para não arrumar encrencas para si mesmo se se confrontasse com sua mulher, corria o risco de sentir-se louco, confuso, errado, encolhido, pequeno – um merda, enfim. E, para proteger-se desses sentimentos tão difíceis, poderia tornar-se ele próprio uma pessoa confusa e encolhida, pelo menos em alguns aspectos de sua personalidade. Muitas vezes preferimos ficar cegos e loucos a encarar uma realidade que não temos condições de administrar. Essa pode ter sido a história do pai de Marco: o povo tão oprimido e carente que já não tem olhos nem coração para a dor do outro.

PÍTIA, O ORÁCULO DE APOLO

Outras vezes, precisamos acionar dentro de nós a Pítia, o oráculo do deus Apolo, aquele que faz a pergunta correta e apresenta o enigma que temos de decifrar para que ele não nos devore. Há perguntas que a gente precisa ser capaz de fazer. "Eu não sabia!" é uma postura preguiçosa, cômoda, que aparentemente nos isenta das responsabilidades. A vida não é inconsequente, mesmo que nós sejamos. Muitas vezes é melhor não saber, não ter consciência... e não ter de pagar preços. Mas, felizmente, não é assim. A vida não quer saber dessa conversa de "Eu não vi", "Não percebi". Passou um sinal vermelho no trânsito? Arriscou multa, batida, atropelamento... Algumas perguntas não colocadas podem mudar nossa vida, nosso destino.

Outras vezes, precisamos acionar em nós a sacerdotisa, aquela que bem se lembra de quem era Carila, que não esquece os gestos cruéis, e por isso é capaz de proteger a menina órfã e pobre. E depois, junto com o sacerdote, viabiliza o ritual de reparação, propicia uma saída, uma reconstrução, uma retomada do processo de vitalização, de saída da miséria – física, emocional, espiritual.

QUANDO SOMOS O POVO

E outras vezes ainda somos o povo. E, talvez, como aquele povo de Delfos, faminto, envolvido na batalha diária da sobrevivência, com poucas condições de participar e denunciar a crueldade. Isso explica, mas não justifica, a covardia humana. Como povo, somos testemunhas. Temos uma função importante no processo. Recusando-nos a entrar na briga que parece alheia, os deuses nos consideram cúmplices, coautores e, portanto, dignos de sofrer as consequências de pragas e misérias – que sozinhas não vão facilmente embora.

Conto agora um episódio que vivi como povo.

Estava andando pela rua Teodoro Sampaio, no bairro de Pinheiros, em São Paulo, numa tarde quente de verão. Vi um pequeno aglomerado de pessoas. Aproximei-me e vi uma mãe puxando, empurrando e estapeando uma menina de uns 4 ou 5 anos de idade. A menina se encolhia, paralisada de medo. Aquela postura da criança me tocou fundo. Decidi entrar na questão, me envolver. A maioria das pessoas passava direto. Uns nem viam, voltados que estavam para o próprio umbigo. Outros ficavam na atitude de "Não me meto na vida dos outros", ou "A filha é dela e ela faz o que quer". Outros se tocavam. A Pítia dentro deles devia estar fazendo a mesma pergunta que surgia em mim: "Tenho o direito de me intrometer?"

O enigma não era simples de responder. A mãe não ultrapassava aquela linha da violência física que não restava dúvidas quanto a chamar a polícia. Mas qualquer pessoa mais sensível ficava incomodada com o grau de violência física, e principalmente psicológica, que acontecia ali.

Reuni o conselho interior. Decidimos agir. Como?

Foi mais ou menos assim o ritual de purificação:

Pelo visto, a mãe estava fora de si. Na verdade, minha impressão foi de que ela era uma pessoa cronicamente fora de si. E violenta. Contei com isso. Senti que ela ficaria furiosa com minha interferência. Não parecia ter muita autocrítica. Era mexer em formigueiro, me meter na encrenca. Minha intuição decidiu o que fazer e como. Agachei-me diante da menina. Toquei com ternura em seu ombro, chamei seu olhar. Ela abaixou a cabeça, chorando, sem ousar me olhar, como um cãozinho acostumado a apanhar. Mas senti que ela atentou para mim e me escutava com todo o seu corpinho. Eu fazia algo diferente e surpreendente. Nem a mãe esperava por isso. Parou por um instante, desmontada pelo inesperado. Comecei a falar com a menina. Disse-lhe algo assim:

— Sua mãe não está certa. Eu não estou gostando nada do que ela está fazendo com você. Esse jeito não é o jeito certo! Daqui a pouco vou tentar dizer a ela. Mas eu queria te dizer antes. Queria muito que você soubesse que não está certo esse jeito de te empurrar, puxar, dar tapas na cabeça, não te deixar explicar, falar... Não está certo! Nunca se esqueça disso: *Não está certo!*

A menina me encarou e uma luz brilhou em meio à expressão de medo de seu olhar inteligente. Fizemos contato. Uma aliança forte, gente com gente, nasceu ali entre nós duas, pessoas estranhas e ao mesmo tempo irmãs num lugar mais profundo. Eu era aquela menina em algum lugar de mim mesma. E, em algum lugar dela, a menina se reconheceu naquela força que me visitava, força materna e sobretudo paterna, a compaixão, a lucidez e a coragem brotando de algum lugar onde a idade não conta, o tempo é eterno. E isso transpareceu em seu olhar, em sua postura, que se ergueu sutilmente, crescendo um tantinho, desencolhendo escondido, tentando sustentar sua dignidade. Tudo isso durou pouco, pois vivência e experiência poupam tempo. Ela saiu do meu olhar e me avisou que ia se encontrar com a mãe furiosa, que nos olhava, paralisada de surpresa, lá em cima, em pé ao nosso lado.

A mãe voltou a si, isto é, voltou a ficar fora de si, seu estado anterior, e me agrediu:

— Não se meta com minha vida! — berrou.

Enquanto eu falava com a menina, eu falava também com a mãe, por meio das mesmas palavras, dos mesmos gestos. Eu a provocava e tinha consciência disso. Esse fato, a consciência da presença daquela mulher, daquela pessoa atormentada e atormentadora, mudava todo o campo em que a situação acontecia. E, portanto, mudava as consequências. Eu não a negava, mas a enfrentava. E isso é contato, é relação. É, portanto, amor.

Ela berrou comigo. E algumas pessoas que compunham o campo em que a situação se delineava berraram com ela. Eu abrira um espaço que viabilizou a entrada de outras testemunhas.

Minha atitude incluiu mais pessoas no campo. Levei-as em conta. Respondi a elas, pedindo, sem palavras, com uma atitude, que não se conectassem com a raiva e me ajudassem a sair da raiva. Defendi a mulher com um gesto, assumindo o lugar de liderança no conflito, com aquela força que vem quando a gente está no lugar certo, na hora certa, e comparece. Levantei-me para responder ao seu berro. Olhei de igual para igual, com a minha coragem e não com meu medo ou minha raiva. Coloquei--me como uma mulher diante de outra, como um ser humano diante de outro, como igual, nem mais nem menos, como valor humano. Isso a desconcertou. Não aceitei ficar embaixo, inferior, submissa ao meu medo e à violência dela. Mas também cuidei, lutei para não extrapolar (o que era uma tentação), para não ficar num lugar de superioridade, de julgamento desse tipo, olhá-la de cima. Respondi a ela primeiro pedindo desculpas, o que era, até certo ponto, um cinismo. Afinal, eu me meti mesmo no assunto dela com sua filha. Reconheci que me meti, disse isso a ela, sustentando seu olhar. Mas, em minha defesa, eu lhe disse com toda a sinceridade que me senti com direito porque a menina era também uma coisa minha, pois era uma criança, um filhote de minha raça:

— Tenho certeza de que era importante que eu dissesse algo à sua filha, que o que você está fazendo não é certo. E você sabe disso. Fale com ela como gente. Sua filha é inteligente e sensível. Você a está arrastando como um cão... Veja como as pessoas estão incomodadas (chamei o povo, o testemunho).

Ela reagiu com violência:

— Ninguém tem nada a ver com minha vida!

— Mais ou menos, né?

Ela não sustentou meu olhar. O pessoal em volta já queria agredi-la. Aquilo podia facilmente virar mero divertimento sádico de queimar o judas... Isto é, as pessoas poderiam desaparecer e surgir ali uma turba, um grupo inconsciente e sádico ao sentir o seu poder de grupo. Esse poder estava a meu favor naquele momento. Um perigo! Um cidadão alterou a voz, xingando-a, abusado. Eu a defendi:

— Calma aí, gente. Também não é assim, certo?

Voltei de novo para a mulher. Conseguimos uma conexão, como se por um instante ela me olhasse com o rabo dos olhos, desconfiada de que talvez eu viesse para o bem.

Por um minuto, ela, o rei de Delfos da ocasião, baixou a guarda. Vi isso em seu olhar. Surgiu a brecha para consultar a Pítia, o momento da consciência.

E eu aproveitei. Aproximei-me dela, senti que dava para tocar-lhe o braço, num gesto de solidariedade. Senti que ela se encontrava num estado de muito estresse, sabe-se lá por quê, mas desconfio, pois sei que a vida não anda fácil. Toquei a cabeça da menina. Até que sou boa nisso. Fizemos um psicodrama público, coisa que faz parte do meu cotidiano, é meu trabalho. Para mim, o importante ali era deixar uma marca de que tínhamos de saber quem era Carila, e de que, se não nos reconciliássemos com ela, haveria culpas, carências. Fomos até onde deu para ir.

Que rei sou eu?

Acho importante fazer ainda algumas considerações sobre esse tema da consciência do mal que causamos ao outro, ao mundo. Sobre as diferenças cruciais entre ser responsável e se sentir culpado, entre consciência e culpa.

A culpa, no sentido que estou abordando aqui, é uma atitude egoísta, narcisística. Por exemplo, suponhamos que um amigo, descuidado como de costume, tenha pisado no seu pé, só que dessa vez pegou pesado e arrancou uma unha. A ferida sangra e você, indignado, morrendo de dor, denuncia o gesto e pede uma atitude de reparação; no mínimo, um sincero pedido de desculpas. Além disso, você também gostaria, é claro, de um acolhimento de sua dor e alguma providência para estancar o sangue, como procurar um pronto-socorro; enfim, uma atitude de reconhecimento da responsabilidade e uma possível reparação.

Imagine agora que, em vez disso, seu amigo fique *arrasado* por ter sido descuidado, pelo fato de vir à tona seu lado indiferente e egoísta. Ele fica literalmente prostrado por se ver e ser visto assim sob esse ângulo desagradável; só não fica irritado com você, o ferido, porque na ocasião havia testemunhas e, além do mais, pegaria mal para ele reagir assim. Ou então ele também cultiva a postura de bonzinho, e só pisa tanto no pé dos outros por ser distraído, coitado. Vive tão envolvido consigo mesmo, tão enrolado na sua culpa que não lhe resta energia alguma para cuidar das pessoas que ele fere, realizar os trabalhos de reparação, os rituais de purificação. Na verdade, no fundo mesmo, ele até espera que você o acolha, pois, na sua opinião, inconfessável talvez, ou nem tanto, por incrível que pareça, ele já está sofrendo tanto por ser culpado que se torna a vítima. E se você bobear, com unha sangrando e tudo, ainda vai ter de consolá-lo.

A HISTÓRIA DO BARBA-AZUL

Nesse caso, o nome correto para a tal culpa de seu amigo é vaidade ou egoísmo. Ele não tolera ter de olhar seu lado feio. Em vez de socorrer a vítima, desmaia, rouba a cena e acaba centralizando as atenções, e seu dedão, coitado, ficará para mais tarde, depois que o coitadinho melhorar! Na verdade, a vaidade, esse pecado que o diabo adora, tem muitas faces. Acredito que o exemplo anterior até seja um dos casos mais benignos. Vamos dar uma olhada, por exemplo, na história do Barba-Azul. Lembra-se dela?

É mais ou menos assim:

Barba-Azul era um homem gigantesco que tinha uma barba completamente azul, de um azul-índigo impressionante. Dizem também que era um mágico fracassado e muito jeitoso na arte de seduzir e conquistar donzelas incautas. Ou seja, na linguagem de hoje, um mulherengo, um galinha. Tanto que uma vez estava flertando com três irmãs ao mesmo tempo. Ao convidá-las para um piquenique no bosque, apareceu em grande estilo, numa bela carruagem de cavalos enfeitados. Cães de caça que seguiam ao lado completavam o cenário. Ofereceu guloseimas deliciosas, palavras bonitas, gestos encantadores.

Mesmo assim, as duas irmãs mais velhas farejaram algo meio estranho no ar e caíram fora. Mas a irmã menor escolheu alimentar suas ilusões e acabou acreditando que, afinal de contas, um homem tão encantador não poderia ser má pessoa; casa-se com ele e vão morar em seu belo e luxuoso castelo, onde ela é tratada como rainha.

Um dia, o marido anuncia que vai fazer uma viagem e que na sua ausência a esposa pode fazer tudo que quiser, convidar a família, fazer banquetes, passear no bosque... Antes de sair, entrega-lhe um monte de chaves de todas as portas do castelo, quartos, salas, despensa e até mesmo as da sala do tesouro. Diz que ela tem autorização para usar todas aquelas chaves, exceto aquelazinha, uma pequena chave antiga e trabalhada:

— Esta aqui você não pode usar de jeito nenhum.

A jovem esposa convida as irmãs para visitá-la, mostra-lhes as chaves todas, inclusive a proibida. Imediatamente o instinto de preservação e a curiosidade tomam conta das três mulheres. Formulam a pergunta-chave, aquela que abre o caminho da descoberta da verdade, como Pítia, na Grécia antiga: "O que se esconde ali?" "O que está por trás das aparências?" E partem em busca da Carila daquele momento e acabam chegando à porta proibida. O que veem lá dentro as deixa horrorizadas: esqueletos e ossos humanos empilhados por toda parte.

A jovem acorda, cai em si e se dá conta de sua situação. Toma consciência. Percebe que não é rainha, mas prisioneira de um assassino. Tenta ainda dourar a pílula; ingenuidade bem paga é doença difícil de curar. Coloca a chave no mesmo lugar e tenta deixar tudo intocável. Percebe então que a chave está manchada de sangue. Tenta limpá-la, mas a mancha, estranhamente, não desaparece. E, mais do que isso, de repente a chavezinha começa a verter lágrimas de sangue, que caem lentamente, gota a gota, como se chorasse crimes horripilantes. E nada faz parar esse sangramento contínuo, que mancha o belo vestido da moça e vai chegando até a bainha. A jovem se troca e coloca a chave no guarda-roupa, e lá ela vai manchando todos os seus belos vestidos de rainha, presentes do marido.

Barba-Azul volta e, como um bom predador, percebe logo o que havia acontecido; enfurecido, pega a mulher pelos cabelos e rosna:

— Que pena, sua ingrata. Agora tenho de matá-la também. Agora você vai fazer companhia às outras.

Mas uma força essencial toma conta da jovem. Ela havia despertado para a consciência e consegue concentrar a energia primitiva que mora em todo mundo e permite sair da condição de vítima. Está alerta, esperta, acessa sua astúcia, uma lucidez inédita a invade e faz dela outra pessoa. A realidade está clara e ela monta uma estratégia de fuga e de libertação. Ela pede tempo. O necessário, nesse caso, para mudar o destino:

— Por clemência, peço que não me mates ainda. Dê-me 15 minutos para eu me preparar para a morte, para meu encontro com Deus.

Vaidoso como era, Barba-Azul não consegue ficar impassível ao ser tratado como um cara decente; cai momentaneamente no papel de gentil-homem, naquela postura que adorava, como se a mulher lhe colocasse de súbito um espelho mágico para ver seu ângulo belo. O fato é que caiu na armadilha. O sedutor foi seduzido. Concedeu a ela os 15 minutos.

Esse é um momento importante, em que a moça vira o jogo. Abandona sua posição de vítima. Deixou o quarto dos horrores, subiu correndo a escadaria e foi encontrar-se com suas irmãs em seus aposentos. Ali lhes pediu que fossem até a muralha do castelo. Em vez de rezar, como dissera ao marido, ela pôs-se a gritar:

— Estão vendo chegar os nossos irmãos?

Depois de algumas respostas negativas, as irmãs viram uma poeira ao longe. Os irmãos chegaram, mataram o Barba-Azul e jogaram para os abutres seus restos mortais.

Uma das coisas que ela aprendeu – pelo menos eu aprendo com essa história – é que certas pessoas não suportam que sua parte ruim seja revelada. Barba-Azul era também um sujeito vaidoso, como o seu amigo que desmaia ou fica enfurecido e violento quando fere alguém. São estilos diferentes de não perdoar quem revela o segredo, desnuda o seu lado mau, feio, perverso. Barba-Azul tinha um estilo mais radical. Não fazia nem a cena da culpa, partia logo para matar quem descobria seu segredo, um lado cheio de sombras, bem distante do moço maravilhoso que ele próprio gostava de pintar.

Estou querendo dizer que é preciso uma boa dose de humildade (de humanidade!) para podermos reconhecer e assumir a responsabilidade de nossos gestos cruéis, feios. Também é humildade não ficarmos demasiadamente fascinados com as nossas feiuras e tocar o bonde, ir adiante, sem nos perdermos nos descaminhos de dó de nós mesmos por não sermos perfeitos como pensávamos que éramos ou gostaríamos de ser. O narcisismo consome uma quantidade enorme de energia, é um projeto dispendioso; ao aceitar o nosso quarto de horrores, a energia gasta em escondê-lo fica disponível para a reparação – em primeiro lugar para nós mesmos, e depois para os que ferimos. Estaremos, assim, em condições de fazer o sacrifício de purificação e retomar o processo construtivo. O verdadeiro humilde não perde tempo e energia chorando sua imagem maculada, mas usa essa energia para restaurar o equilíbrio por meio da consciência e da reparação. Esse é o *projeto amar* — que exige muita energia, mas, sem dúvida, é um processo que traz a possibilidade de restaurar as condições para trocas vitalizantes.

É importante aguentar enxergar que a crueldade e a destrutividade, de fato, fazem parte da condição humana e aceitar pagar o preço para sair da ingenuidade. A crueldade nem sempre vem com a cara exposta, de botas e uniforme. Nem em nós nem nos outros. Nenhum mentiroso chega contando que é mentiroso. Se contasse, não o seria! Nós é que temos de saber farejar, usar nossa intuição, nossos instintos, para encontrar a porta que mostrará a outra face da história, a face escondida. Mas antes há a opção de bancar a atitude de olhar – enxergar –, tomar consciência, querer e suportar saber o que há atrás da porta. Arriscar *des-iludir-se*, deixar cair as ilusões, aguentar olhar o horroroso, o feio, o monstruoso nos bandidos, nos amigos, marido incluído, e em nós mesmos. Então ter coragem e força para fazer o que é preciso: impedir que a destrutividade vá em frente com os seus crimes.

O FIM DO BARBA-AZUL

Cuidado com o Barba-Azul. É um assassino cruel e perigoso. Não podemos brincar com ele, pois nos tornaremos prisioneiros e seremos assassinados. Podemos também ficar simbolicamente escravizados em relações que vão minando nosso amor-próprio, nossos sonhos mais queridos, nossos projetos essenciais, nossa criatividade. Temos de desmascarar o Barba-Azul e matá-lo sem culpa nenhuma. E, ainda, como sugere a lenda, atirar seus restos mortais aos abutres. Os abutres existem, isto é, aspectos internos e externos que reaproveitam, incluem e reorganizam o mal. Então, mesmo que se trate de nosso próprio Barba-Azul – aquele lado nosso que vai solapando as relações, as coisas boas da vida –, ou do Barba-Azul – que está diante e em torno de nós, nos outros de nossa vida –, é preciso identificá-lo, desmascará-lo, agir com firmeza e coragem. Use a chave que chora; o sofrimento humano que revela os crimes e leva aos assassinos da vida; decida crescer, sair da superficialidade, da ilusão. Decida sair da ingenuidade e depois mate a destrutividade, recusando-se a continuar vítima indefesa, diante de vozes (internas ou externas) que sabem como ninguém dizer umas frasezinhas que acabam com nossa autoestima. Às vezes tais falas parecem gentis: aí é preciso usar a chave, abrir a porta e ver o que está por dentro e por trás daquela gentileza que acaba nos deixando uma sensação de mal-estar. Precisamos, por fim, voltar a confiar em nós mesmos, a nos bancar, a bancar nossa intuição, nosso faro, nossa natureza mais essencial.

E, quanto ao Barba-Azul, devemos atirá-lo aos abutres. Se for um Barba-Azul externo, uma pessoa, uma família, uma instituição, ou uma sociedade, é preciso acionar um processo de reeducação, de reorganização, que possa transformar o mal, a podridão, em possibilidade de vida. Para isso, deve-se, é claro, tomar os devidos cuidados para não ter recaídas ingênuas e achar que o Barba-Azul ainda existe, mas está melhorzinho, coitado. O trabalho é imenso porque é preciso destruí-lo de verdade. Ele tem de ser impedido usando de muita força antes de ser dado aos abutres. Da mesma forma se for um Barba-Azul interno. Temos de ter coragem de olhar de frente nossa covardia, nossa crueldade, e matá-la, não brincar com isso. Nada de moleza. Aceitar a nós mesmos com amorosidade implica a capacidade de enxergar nossa destrutividade onde ela apareça e não pactuar com ela; combatê-la e transformar a energia que a sustenta em atitudes construtivas, reparadoras dos danos interiores e exteriores. Incluindo nossos aspectos maus, ganhamos amplitude de consciência, mais espaço para ser, para conseguir nos reorganizar no sentido de uma potência verdadeira.

POR TRÁS DA BARBA AZUL, SOLIDÃO

Mas é bom lembrar que nenhuma verdade neste mundo tem apenas uma face. Se olharmos Barba-Azul de outro ângulo, tirando ainda outro véu, mais no fundo, vamos encontrar uma criança mal-amada, isolada, que perdeu a esperança de ser aceita tal como é. Ele vem de uma história de desamor e acredita que só será aceito se for visto em seus aspectos bons, bonitos e úteis. Confunde amor com usar os outros e ser usado. O mais perigoso nisso é que Barba-Azul, no fundo, não se ama de verdade, não se acolhe, não se aceita, não se perdoa. Não tem esperança. Sua opção passa a ser o ódio como combustível para viver, em vez do amor.

Claro que não estou estimulando ninguém a ficar ingenuamente com pena de um psicopata e tentar "salvá-lo" entrando no seu hábil jogo, deixar-se virar sua vítima. Apenas convido cada um a ir ao porão de si mesmo e resgatar de lá a nossa criança violentada, retomando-a com absoluta coragem e lealdade, e recuperando a capacidade de amar, que é fruto da consciência. Mas sem mimo. Mimar uma pessoa, como Barba-Azul fazia com as esposas, é jogo de poder e sedução, que enfraquece o outro, que o confunde, borra sua visão, sua clareza. Mimar nossa criança interior também é negar-lhe a oportunidade de crescer.

VÁRIOS ESTILOS DE REINAR

Voltando ao tema inicial, em que a pergunta era "Que rei sou eu?", vemos que as respostas são muitas e complexas. Posso ser um rei fingido, que se faz de bonzinho, pisa no pé do outro a toda hora e chora de culpa, mas não assume sua consciência nem faz a opção de mudar o padrão de comportamento. Outro modelo é um rei Barba-Azul aparentemente potente, mas um blefe, um sedutor que acaba escravizado à plateia, à sua imagem, pagando um preço infernal para sustentar esse jogo.

Reflita também a respeito de certa enrolação típica de nossos momentos de rei, aquela atitude escusa de fingir que repara, que ajuda, mas de fato tudo não passa de uma farsa. Por exemplo, sabendo que Pítia era uma sacerdotisa pra valer, sem rabo preso, que dizia a verdade mesmo aos poderosos, o rei de Delfos poderia dar um jeitinho de arranjar outro oráculo a fim de proteger sua imagem e não revelar os "quartos secretos onde escondia seu lado assassino", no melhor estilo do rico e gentil Barba-Azul. Oráculos picaretas não faltam.

Além disso, o rei poderia facilmente deturpar as palavras de Pítia, mexer no texto, tirar um pouco daqui, acrescentar um tantinho ali... e pronto! Pítia estaria dizendo o que o rei queria ouvir, bem ao gosto de certas empresas de pesquisa.

Ou seja, não há leis nem regras que nos salvem de atolar o nosso reino na miséria, seja ela de que natureza for. O caminho único e difícil — a ética profunda, a retidão de caráter, que custa cultivar – tem seu preço. Mas vale a pena. É a saída real.

No verdadeiro sentido da palavra "real", é aquela parte de nós que governa e é responsável pela justiça e pelo equilíbrio na vida do povo, que sabe que não pode fazer isso sozinho, humano que é. Precisa de outros aspectos, como o sacerdote, o povo, o testemunho de Carila. Deve refazer o ritual todo, não apenas chamar o relações-públicas ou o porta-voz. Democracia pra valer não é produto barato nem para almas pequenas, exige profundidade.

DA ARTE DE SER REI

Gostaria de terminar este capítulo mencionando uma conversa com Lisa, em que ela disse que ser rei não é fácil. Lisa concluiu que precisa aprender a ser rei:

— Preciso aprender a mandar, a ter autoridade, a ocupar meus lugares na vida. Na empresa (onde ela agora é diretora), isso me faz falta. Sei que tecnicamente sou competente, mas não consigo me posicionar diante de subordinados. Na minha casa é a mesma coisa. Até meu filho de 7 anos acaba mandando em mim, vira um "reizinho" que folga comigo e com todo mundo. Eu fico resmungando sem conseguir nada ou então acabo perdendo a cabeça e berrando com ele, o que me faz perder também a verdadeira autoridade.

— Às vezes, em alguns casos, a gente é autenticamente rei. Não é errado ser rei. Sem rei, no sentido de liderança, não há sociedade que funcione.

— Puxa, isso é tão óbvio! Mas para mim, sob certo aspecto, um tanto estranho. É como se não me fosse permitido ser rei, ou de liderar qualquer coisa, já que na infância era sempre meu pai o líder autoritário e inquestionável e nós, os filhos, os súditos... Não exercitei...

Ela faz uma pausa, fica pensativa, calada por um tempo, e depois seu rosto se ilumina ao se dar conta de algo novo:

— Na verdade, eu fiquei com tanto horror daquela liderança autoritária do meu pai, sofri tanto com aquilo, que acabei me proibindo de fazer o mesmo com meus filhos e com qualquer outra pessoa. Por isso fui para o extremo oposto. Não quero mandar em nada nem em ninguém, mas vejo agora que acabei caindo no lugar da minha mãe, me omitindo, não ocupando meu lugar de mãe, esposa, diretora na empresa, professora diante de alunos...

Eu concordo com ela. Deixar Delfos sem rei não resolve a coisa. Precisamos de lideranças. Devemos assumir as lideranças que são de fato nossas. Aprender a fazer isso com consciência, responsabilidade e competência é o verdadeiro desafio. A omissão continua sendo um pecado desastroso e, nesse caso, deixa livre o espaço para a ação de reis incompetentes e falsas lideranças.

Parte III

Reflexões sobre a culpa e a ingenuidade

O jogo da culpa sem fim

Um dia, o melhor repentista do sertão de Angicos (MG), o padrinho Zé Feliz, foi nos visitar. Além de repentista, era curandeiro, e dos bons. E aconteceu um daqueles incidentes desagradáveis. Justo nesse dia minha tia Doralice, também dona de um grande currículo caipira, parteira e curandeira de mão cheia, pessoa educada, cometeu uma gafe sem perdão: fez café e não ofereceu ao Zé Feliz. O violeiro, rápido e cruel, sacou a viola e cantou:

Que desaforo que me fizero
coaram café e não me dero
café quentado eu não quero
e, se for coar, não espero.

Um acorde da viola encerrou o assunto, sem discussão, para desespero da pobre Doralice Veiga!

Depois de tanto tempo, eu gostaria de falar, com base nesse verso tão preciso e alegre, de uma coisa complicada e triste: a chantagem afetiva que exige a escravidão eterna e sem saída. É bom esclarecer que não estou falando aqui de responsabilidade pelos próprios atos nem da necessidade de reparação. Já tratamos bastante disso na história de Carila. Refiro-me aqui a uma praga emocional que ainda assola a humanidade: a chantagem afetiva. A culpa impagável, a dívida eterna, irreparável, aquela que não aceita explicação, pedido de perdão ou reparação. Só aceita um pagamento: que a vítima abaixe a cabeça e entregue a jugular para sempre, tornando-se eterna devedora e escrava da chantagem. O ofendido, nesse caso, só quer ser dono da liberdade do outro, mantê-lo preso na culpa. Quer exercer poder sobre o outro. Por isso não oferece saída, nenhuma solução para o impasse: "Coaram café e não me dero, café quentado eu não quero e, se for coar, não espero."

Deixar os outros com culpa e tirar vantagem disso... A nossa cultura parece tão marcada pelo problema da culpa que às vezes eu acho que ela se tornou uma espécie de gasolina que move as pessoas. Uma energia doente que está sempre ali, produzindo relações escusas entre pais e filhos, entre marido e mulher, entre os próprios amigos. No velho jogo da culpa, mesmo sentimentos como o amor e a generosidade se transformam em outras tantas formas de controle e domínio. Produzem mal-estar em vez de alegria.

Por isso é tão importante situar e esclarecer o sutil jogo da culpa nas relações humanas. Especialmente onde ele começa, ou seja, nos relacionamentos primários com a mãe, com o pai, com a família. Em certas famílias forma-se um jogo de dedicações neuroticamente heroicas e cobranças subentendidas tais que seus membros vão se acostumando a funcionar na base da culpa. As crianças que crescem nesse meio, quando adultas, facilmente se sentem culpadas e, na ânsia de reparar, são dominadas pelos outros. Em compensação, são mestres na arte de produzir culpa nos outros e se beneficiar disso. Um jogo complicado em que nunca ninguém está muito feliz.

O exemplo a seguir pode ilustrar melhor como isso funciona. Vou contar um caso que me aconteceu na relação com um paciente. Vou chamá-lo de Rui.

DEZ MINUTOS CRUCIAIS

Rui é um rapaz de mais ou menos 30 anos. Muito defensivo, tem dificuldade de expressar seus sentimentos. Até que, em determinada sessão, ele começa a se abrir, a contar muito de si. Para ele, é uma ocasião muito especial, mas a sessão está no fim. Reconhecendo ser aquele de fato um momento importante para ele, resolvo prolongar nosso tempo por mais uns dez minutos. Interrompo-o para perguntar se pode ficar esses minutos adicionais. Na verdade, ao fazer a pergunta, eu já estou criando um campo diferente do funcionamento dele, e faço isso com consciência. Para ele seria normal e, aliás, até uma obrigação não interromper a sessão justamente quando ele decidiu se abrir. Quando pergunto se pode ficar, eu também crio uma situação estranha para ele: eu decido prolongar a sessão, mas não sei se ele pode se demorar. Por isso pergunto. No padrão em que ele está acostumado a funcionar, eu estaria dando mais tempo sem cobrar, e assim estaria fazendo um favor e nem precisava perguntar. Ou seja, se sou boa e generosa, posso passar por cima dele, obrigando-o a aceitar a dádiva, o que, na verdade, definiria não uma dádiva, mas uma obrigação, e uma invasão compulsória e inquestionável. Ou seja, coisas mais complexas estavam envolvidas. Eu sabia disso e ia com cuidado. Mas tempo é tempo, e chega a hora de encerrar a sessão. Olho para o relógio e dou sinais corporais de que está na hora de terminar. Ele me olha como quem diz: "Você não pode terminar a sessão agora". Seu olhar exprime um velho jogo de culpa: eu estou precisando, você é obrigada a ficar aí, senão vai se sentir muito culpada por isso.

Para mim, como terapeuta dele, também é um momento delicado. Se encerro a sessão, saio de um jogo bem arraigado nele e provoco reações, possivelmente violentas. Compro uma briga, por assim dizer. Se continuo, caio na armadilha do jogo da culpa: as pessoas são obrigadas a fazer certas coisas sob pena de se sentirem muito culpadas se não o fizerem. Recuso-me a deixar Rui com uma dívida a mais na vida e termino a sessão no prazo razoável, dentro do combinado, mesmo consciente de que seu momento de vida era difícil e de que minha atitude o frustraria.

Além do mais, a vida também não me faz descontos especiais em relação ao tempo e eu tinha meus compromissos. Rui sai irritadíssimo, passa a semana toda mal, vomita muito.

CORTANDO A CONTA-CORRENTE

Na verdade, essas reações remontam a uma situação de infância. A mãe de Rui "dava a vida por ele", como não se cansava de repetir. Costumava preparar comidas deliciosas para o filho, mas ele era obrigado a comer tudo que ela preparava, gostasse ou não. Tinha de engolir tudo e nem vomitar podia, pois seria sinal de ingratidão. Por isso ele pôde vomitar depois daquela sessão: se eu tinha sido má, ele se sentiu livre para fazer o que achou certo, e também se sentiu no direito de não ser comportado, de fazer o que tinha vontade. Perante a mãe, ele sentia sempre uma tremenda culpa por não comer, por não aceitar tudo. Como se a pessoa que nos ama e se sacrifica por nós tivesse todos os direitos: a nós só cabe não decepcionar tão santa criatura. Nesse modelo, não somos livres diante de quem nos ama. Ficamos condenados a carregar os projetos que essas pessoas jogam sobre nossos ombros, mesmo à custa de castrar nosso movimento pessoal essencial. Em certo nível, não podemos ter nossa própria vida, nossos próprios sonhos. Temos de carregar os sonhos alheios. E isso constitui um insulto, um abuso mesmo ao nosso ser. Uma castração do nosso movimento vital.

Ora, na verdade, essa história inteira está mal contada. Se o outro, livremente e por prazer, faz um esforço por mim, é uma escolha dele. Eu sou livre para aceitar na medida em que isso também me dá prazer. E ninguém fica devendo nada a ninguém. Gratidão sim, com certeza deveria haver. Mas gratidão é um sentimento que leva à liberdade e nunca à culpa. Somente quando a doação é clara e limpa pode haver gratidão, e aí não cabe a chantagem afetiva movida a culpa.

Mas aquele jovem paciente do meu exemplo aprendeu modelos muito diferentes com a mãe e até aquele momento ainda continuava assim. Cada vez que alguém diz que precisa dele, e cobra isso sob pena de culpa, ele entra no jogo. No fundo, irritadíssimo, achando injusto, mas por fora sempre cordato, engolindo as coisas sem nenhuma vontade como um eterno bom filho. Só que às vezes ele também faz o papel de mãe esforçada e então adquire sobre os outros os mesmos direitos que a mãe tinha sobre ele. Na sessão anterior, por exemplo, ele havia me dado muito, como me disse, ao abrir-se para mim. Na sua conta, eu ficara devendo. Mas minha conta era outra. Para começo de conversa, na minha leitura da situação, ele se abrira comigo e não para mim. A troca foi justa e autopagante pela riqueza do contato. Nossas contas nunca bateriam, pois estávamos usando medidas diferentes. Vários véus precisavam ser tirados, havia muito a esclarecer. Para mim estava tudo zerado. Ninguém devia nada. Foram escolhas. Ele me apresentava uma duplicata e exigia o pagamento: a culpa irreparável, insolúvel. Essa, aliás, é a base do relacionamento culpado: tento nunca frustrar (o que, em última análise, é tarefa impossível!) quem se sacrifica por mim, e exijo o mesmo dos outros quando faço alguma coisa por eles. É como uma mútua conta-corrente que se faz o tempo todo. Ao interromper a sessão na hora tratada, eu optei por cortar esse jogo. Propus que as coisas fossem pagas à vista e nas moedas combinadas: o meu atendimento e o dinheiro dele, o pagamento da sessão. Além, é claro, do prazer do encontro, para quem o conseguisse.

Minha atitude de não dar nada a mais o confirmava como alguém capaz de aguentar não ficar devendo coisas, fazendo dívidas desnecessárias e mal combinadas, não contratadas. Eu propunha um negócio mais limpo entre nós.

FAVORES QUE SÃO UM PACOTE

Só que aquele paciente estava acostumado a outro esquema: cada um dá o que quer e depois cobra o que quer, numa troca de bondades escravizantes. Um jogo que vem de longe: se ele um dia tivesse recusado a comida da mãe, sem dúvida ela o culparia. Exatamente como ele me culpou por ter passado uma semana péssima, vomitando e tudo. Mas descobriu certamente que é melhor recusar a comida indesejada, ou até vomitá-la, do que ir pela vida afora engolindo coisas para tentar ser aceito e amado. Na análise da culpa, é muito importante perceber essa diferença. A diferença entre as contas escusas, aquelas que a gente nunca termina de pagar direito, e as contas quitadas à vista, honestamente. Para aquele paciente, era essencial perceber que aquilo que a mãe estava propondo não era amor, era um uso. Ela não fazia todas aquelas coisas pelo filho, mas por si mesma, para manter a sua imagem de mãe boa e esforçada. Fazia tudo por ela e também para ter o filho, para controlá-lo. Gerar culpa e dívida nos outros é uma tremenda forma de controle. É como estipular: "Eu faço tudo, contanto que você seja aquilo que eu quero. Coma a minha comida e viva em função do meu sucesso como mãe". Ora, se ela estivesse mesmo a fim de fazer comidas deliciosas, que fizesse. Isso lhe daria prazer e pronto, ponto final. Não dá pra viver a vida do outro, ou querer que ele viva a nossa.

Não quero reduzir a mãe de Rui a essa dimensão discutida aqui. Seria um exagero, seria como recortá-la em algo muito parcial. Ela devia ter inúmeras qualidades, sem dúvida. E lhe dera muita coisa boa. O importante era entender o jogo da culpa e sair dele. Para isso, precisava compreender algo negativo do pacote todo que era aquela pessoa, a mãe de Rui. Não para condená-la e culpá-la. Não se trata de falar mal da mãe de ninguém, fazer fofoca, ser destrutiva. Não é o caso de encontrar culpados, mas de esclarecer a armadilha. Esse tipo de armadilha é tão comum e crucial que, sempre à luz do verso do meu padrinho cantador, gostaria de continuar falando mais um pouco sobre ela.

Amor não é investimento

Sacrificar-se pelos outros é, como eu disse, um tema bastante delicado. Todo mundo conhece o exemplo da mãe sacrificada, figura muito popular na nossa cultura. Ela faz tudo, é excelente dona de casa, se mata pelos outros o dia inteiro, consegue que os filhos a suguem ao máximo. Aos poucos, os outros se tornam dependentes e abusam dela, que vai ficando sem nenhuma vida pessoal. Mas é engraçado. Quando uma mãe dessas vem me dizer no consultório que é uma abnegada, uma injustiçada, noto que ela reclama com força e poder imensos. A própria voz dela denota o orgulho da vítima, a força da vítima que está fazendo uma parceria com o algoz. São modelos muito antigos, que dificilmente são percebidas de modo consciente.

DEVENDO JÁ O CAFÉ DA MANHÃ

Certo dia, uma mãe dessas me contava suas intermináveis horas de sacrifício. Tinha passado o dia levando e trazendo as crianças da escola, fazendo compras e comandando a casa. No fim do período estava cheia de tudo e explodiu feio com os filhos. Claro, todos eles ficaram morrendo de culpa. Deram-se conta do quanto estavam destruindo a própria mãe, que não tinha mesmo vida pessoal nenhuma. Mas, veja, não é legal fazer isso com as crianças. No fundo, essa mãe está fazendo o seguinte: eu vou te levar à escola, fazer comida, buscar na escola, vou ser uma frustrada na minha vida pessoal – e você vai ficar me devendo essa minha vida! É assim, porém isso não está sendo claramente negociado. Se fosse, acho que os filhos prefeririam pegar o ônibus, comer sanduíche, se virar de alguma forma. Porque não é mole ficar devendo a vida de alguém. Ainda mais a vida de uma mãe.

Na verdade, cuidar da própria vida é uma dificuldade pessoal desse tipo de mãe. Ou melhor, ela se esconde no papel de mãe para escapar de seu medo, sua dificuldade de ser gente, de ser pessoa. E, ainda por cima, acaba jogando isso nos filhos: "Puxa, já perdi minha manhã!" Assim, como um fato consumado, o filho mal toma café e já está devendo uma manhã à mãe. Não seria mais justo que ela negociasse com o filho aquela manhã? É como se uma pessoa chegasse aqui agora e decorasse toda a minha casa. Eu chego do trabalho e acho tudo muito bonito, mas ela me cobra 100 mil reais pelo trabalho. Eu não sabia o preço, acho caro, e o decorador começa: "Puxa, mas eu trabalhei o dia inteiro, gastei isso, gastei aquilo..." Ora, uma decoração é um exemplo singelo. Imagine dever uma vida inteira a uma figura tão significativa como a mãe? Por isso certos filhos, já adultos, têm grande dificuldade em rever suas relações familiares: não querem passar pela dor de ver que, em certo nível, não foram amados, mas usados por aquela mãe tão sacrificada.

Quando crianças, não tinham condições de perceber o jogo, aliás, nem a própria mãe o percebe de forma consciente e clara. Quer ver outra modalidade sutil de controle culposo do filho? É o caso, por exemplo, de uma mãe ou um pai extremamente dedicados que controlam os filhos por meio de metas que lhes impõem ao longo da vida. Fazem tudo por eles, porém devem assumir os caminhos, os valores, o jeito dos pais. É como se essa mãe ou esse pai dissessem, de várias formas: "Você é maravilhoso, é forte, nasceu para isso e para aquilo". Quer dizer, são expectativas que eles têm. Eles precisam de um filho assim. Então eles não dão àquela criança a oportunidade de ser normal, de ir naturalmente se descobrindo na vida. Não. A mensagem é:

"Eu te amo muito, contanto que você seja isto". Essas condições do amor não são faladas porque, se fossem, o filho até poderia se defender. Mas não pode; então, vai viver o estigma de ser alguém superior, "especial", com uma missão a cumprir: "Você é forte, você pode!"

Ele passa a vida inteira tentando ser forte, segurar a barra dos outros, ficar frio. Para ser amado tem de ser sempre uma maravilha de pessoa. Quando as coisas não dão certo, logo se culpa: é que eu não estou sendo bom. Vive nessa ilusão de que só sendo perfeito é que vai ter afeto, significado, reconhecimento. Mas carregar os outros dentro desse jogo cria um campo em que ele não recebe amor de verdade até o momento em que percebe que há algo errado nessa história. Passa a notar que não está trocando coisas com outros; ao contrário, está sempre dando, salvando, segurando. Ele tem muita facilidade de se relacionar, por exemplo, com quem está precisando de colo. A relação com quem não precisa ser carregado se torna mais difícil para ele porque este quer trocas maduras, quer andar junto e não ser carregado como um bebê.

Como desfazer o jogo das relações culpadas – esse complicado jogo em que um sempre fica devendo não sabe quanto diante de negócios, regra geral, mal contados?

NÃO PERDOA? PROBLEMA SEU!

Em primeiro lugar, é importante perceber esse jogo e tentar deixar claro para nós mesmos e para o outro o que está acontecendo, desmascarar o mecanismo da culpa sem entrar nele. O versinho do padrinho Zé Feliz revela com maestria como esse jogo funciona. Ele deixou minha tia Doralice sem saída: "Café *quentado* eu não quero e se for coar, não espero".

A única finalidade é produzir culpa mesmo, ou seja, ele ficou frustrado porque minha tia errou. Ele não pôde aceitar a realidade da limitação do outro. É bem a reação da criança pequena: não deu, agora não quero mais. (A raiva é tão grande que ela não consegue mais receber.) Os adultos sofisticam isso: eu quero ficar com a minha dor, vou tirar a casquinha cada vez que a ferida estiver quase sarando para que você veja sempre o mal que me fez. Isto é, não deixo a dor morrer nem você reparar o mal. A situação fica sem saída para o outro: se for coar, não espero.

No caso do café coado estão as várias possibilidades que o jogo da culpa oferece. Vamos refletir um pouco sobre elas.

Para começar, minha tia podia ser uma pessoa tão egoísta que nem percebeu o mal que fizera; ela teria sido o rei de Delfos. Nesse caso, o cantador, ao expor sua dor, denunciava a ofensa com maestria. A arte tem essa tremenda força de denúncia! O humor também! Sem nem precisar suicidar-se. Mas, nesse caso, a história teria de terminar com o ritual de purificação, com ele aceitando qualquer reparação que saldasse a dívida e, de alguma forma, zerasse a conta. Sem dúvida alguma, com tal competência de poeta, a probabilidade de ele ser esquecido uma segunda vez na hora do café era mínima! Ele não aceitava o papel de vítima e tinha recursos para sair desse jogo.

Mas digamos que minha tia tenha percebido a ofensa. Então, há dois caminhos a seguir, ou ela fica muito ferida porque sua imagem de pessoa boa, de dona de casa generosa está tão abalada que ela não consegue se desligar disso para tentar uma reparação ou então ela tenta e o outro é que não aceita a reparação, preferindo tornar a culpa eterna, pura chantagem emocional. Diante de quem age assim conosco, há várias direções a tomar. Você pode, por exemplo, ficar eterna e neuroticamente ligado ao outro pelo mal sem perdão que praticou – afinal, uma vez que o outro não quer reparação, ele é a testemunha do seu fracasso.

Isso é uma grande arma na mão dele. É de novo o poder da vítima. Outra direção seria você não entrar nesse jogo, aceitando-se como gente, que erra e por isso fica muito triste, tanto que faz tudo para consertar. Quando isso não acontece, você se sente chateado, reconhece a impossibilidade, mas não se sente culpado e toca a vida. Sabe que não deve nada a ninguém, já que nunca prometeu mesmo ser perfeito. Se o outro entendeu que você devia ser perfeito, problema dele. Você errou, reconheceu e tentou reparar, e não deu – e agora está triste, mas livre. O outro provavelmente vai ficar furioso com essa sua atitude humana e saudável. Mas isso também é problema dele.

Esse é o melancólico jogo da culpa. Eu não deixo que o outro repare, para que ele, cheio de culpa, me carregue por dentro como um peso. Ele vai fazer isso com muita raiva, mas eu fico com créditos sobre ele. E é claro que vai tentar inverter o jogo, mostrar que eu também sou ruim e, por sua vez, não deixar que eu repare direito. Aí o poder fica com ele. Até que um ou outro consiga parar essa gangorra triste; do contrário, a vida se transforma em um campeonato para ver quem é mais vítima. Certos casais passam a vida inteira brincando disso. Ora um está com crédito, ora com débito na bolsa da culpa. Numa semana, o marido se sente forte porque é o ofendido. Aí exagera o seu poder de vítima, magoa tanto a mulher que ela acaba cobrando, e o jogo se inverte. O jogo só acaba quando um decide: errei, já paguei com a tristeza de ter errado, não aceito nenhuma cobrança além disso e, claro, ficarei atento para não continuar pisando no calo alheio! Afinal, se a ação de negar o outro continuar... Aí, não vai dar! Afinal, como diz o samba, o perdão também cansa de perdoar.

Caso alguém se posicione com uma atitude saudável ao fazer um gesto que fere o outro –, isto é, reconheça o erro e se disponha a repará-lo, saindo assim do jogo da culpa –, poderá provocar no outro uma reação violenta e vingativa. Tal reação indica certo desespero por fazer a vítima perder o poder, aquele pervertido poder da culpa, de ter alguém cronicamente culpado nas próprias mãos, escravizado. De qualquer modo, só podemos nos responsabilizar por nossos próprios atos. A resposta a isso é problema do outro e depende de suas possibilidades. O que importa é a gente poder agir de forma mais ética, chamar o melhor de si e do outro. Se vier, maravilha! Começamos uma relação mais equilibrada, sem chantagens. Só podemos fazer o convite; o outro vem ou não.

É difícil adivinhar a reação do outro. Mesmo no consultório, o paciente pode até ameaçar desistir quando o terapeuta se recusa a ser parceiro do seu jogo neurótico.

IDEALIZAÇÃO, UM TRUQUE A MAIS

Cuidado com a idealização. Ela é mais um truque do jogo de poder! Quando alguém chega, mal te conhece e te coloca nas alturas, te pinta de santo milagroso... Vá devagar! Isso pode provocar problemas futuros, além de fazer parte do jogo de poder em cima de você. Se você aceita sem discutir que é um santo milagroso... fica nas mãos do devoto. Basta ele chegar um belo dia com um copo d'água e te pedir para transformar em vinho. E pronto. Você vai ter de esclarecer as coisas... Mas como vai devolver todas as velas queimadas no seu altar? Vai ficar em dívida! Precisa disso? Culpado!

Quem disse que é bom ser esse santo? O melhor, sem dúvida, é sermos nós mesmos e aceitos como tal. Não estou justificando a atitude narcisista de se achar tão maravilhoso *a priori* que dispensa qualquer evolução. Falo de quando o outro *precisa* de um santo e resolve escolher você. Então começa a achar que você tem de fazer isso e aquilo, que não pode decepcioná-lo... Enfim, o outro vira a sua plateia. E você perde a liberdade de ser você.

E quando você cometer um erro, um engano, e for pedir perdão, vai ser uma confusão. Santo não erra, na opinião do tal devoto que o escolheu. Não vai ter perdão nem existe reparação possível.

Por isso, fica mais barato esclarecer as coisas no início, ficar no seu lugar; aceitar ocupar o espaço em que o outro precisa que você esteja é jogo complicado.

A pessoa que o idealiza geralmente acha que está meio que lhe fazendo um favor de dizer quanto você é maravilhoso. E esse elogio custa sua liberdade. Ela passa a ser quem dá a nota, em nível de audiência. E você fica obrigado a cumprir as expectativas que o outro bem entende de dependurar em você! Depois, vem a raiva se você não corresponde! Fica obrigado a ser aquilo que o outro espera. Isso de ser cabide das expectativas alheias é vida dura!

Ou seja, nem uma coisa tão evangélica como o perdão está fora do perigo de entrar no jogo de chantagem afetiva. Tudo depende do campo como um todo, da situação em que as coisas acontecem. O perdão também pode estar no contexto de um jogo de poder, e aí é necessário desmistificá-lo, revelá-lo.

COM MEU FILHO NÃO FOI FÁCIL

Muitas vezes, para evitar o nascimento de uma relação baseada na culpa, é preciso renunciar, por exemplo, à imagem de mãe perfeita e suportar a frustração dos filhos com bastante respeito. Numa ocasião, tive uma experiência muito reveladora com um dos meus filhos, à época com uns 8 anos de idade.

Ele estava sendo trabalhado em psicoterapia e com um dentista que lhe colocou um aparelho para trazer a mandíbula para a frente. Eu bem sabia, pelos meus conhecimentos em psicoterapia corporal, que aquele aparelho e mais o trabalho terapêutico estavam ajudando-o a colocar-se melhor na vida, inclusive no ato de expressar sua raiva. Certo dia, ele ficou furioso porque eu estava saindo para o trabalho: "Você só trabalha. Hoje não vou deixar. As outras mães não trabalham, por que só você tem de trabalhar?"

Primeiro comecei a defender minha imagem de boa mãe dizendo que, afinal, trabalhava só meio período, e assim por diante. Ele não se conformava. Então, percebi o que eu estava fazendo com ele. Na verdade, eu estava defendendo a minha imagem de boa mãe, de mãe que nunca falhava com o filho. Eu o ajudava a soltar a sua raiva, porém, na hora em que isso acontecia, tirava-lhe o direito de sentir raiva, ou de expressá-la. Então, em vez de ajudá-lo a elaborar uma frustração real, eu estava fazendo-o sentir-se culpado por estar se queixando de uma mãe tão boa, que só trabalhava meio período. Só lhe restava engolir a raiva e ainda sentir culpa. De certa forma, eu anulava a raiva dele por meio da culpa.

Foi um momento importante. Percebi que eu não podia tirar dele o direito de sentir e expressar raiva. Saquei também que eu gostava do meu trabalho e não tinha generosidade suficiente para deixar de trabalhar numa boa. Se o fizesse sem convicção, cobraria dele mais tarde de alguma forma. O fato é que encarei a questão pra valer, lealmente. Quebramos o pau, ele pegou a minha bolsa, eu a arranquei dele e fui trabalhar. Cheguei ao consultório com uma enorme culpa, louca para lhe telefonar. Aí percebi que isso estimularia a culpa dele: "Vê que boa mãe que eu sou..." Trabalhei até a hora que devia e ele ficou dois dias sem falar comigo. Eu aguentei firme, só Deus sabe como! Pude admirar a força dele, que também aguentou bem; acho mesmo que ele estava aliviado por não ter diante de si aquela mãe-maravilha que não permitia que ele se colocasse. No fim, nós dois saímos ganhando. Nossa relação ficou mais real, menos mistificada. Agora ele podia sentir raiva sem culpa, mesmo porque eu não era uma mãe maravilhosa, perfeita, sacrificada o tempo inteiro. É preciso muita força interior para brigar com uma mãe perfeita. A partir daí a gente passou a elaborar melhor essas situações. Foi bom para os dois. Eu não precisava me sentir inteiramente má porque não era generosa o suficiente para deixar de trabalhar. E ele tinha liberdade para sentir raiva e frustração por causa disso. Não ficava mais no papel de ingrato e louco pelo fato de se queixar. Reconheci que ele tinha suas razões. Nós dois podíamos manter, sem mistificações nem falsas renúncias, nossas próprias realidades. Num processo assim sofre-se um pouco, mas não ficar devendo é sempre muito bom, e bem mais honesto.

POR UM AMOR DE BRAÇOS LIVRES

À primeira vista, pode parecer que eu não acredito muito na generosidade e no amor, mas é que há muita coisa fantasiada de generosidade. Se eu dou um milhão de reais não pelo bem do outro, mas para receber cinco, isso é um negócio. Entre as pessoas isso também pode acontecer. A hora de dar é linda, mas depois vem uma cobrança sem fim e em moedas que muitas vezes nem foram as combinadas. Mas nem por isso eu acho que seja necessário nos defendermos da generosidade. Mesmo porque, quando é pra valer, a generosidade cria o campo para a gratidão, que é um sentimento maravilhoso, fonte de enorme vitalidade e distinto do sentimento de culpa. Gratidão é algo que lava a alma e enche o corpo de alegria. Bem diferente daquela gratidão que leva à submissão e à dívida. Esta produz mal-estar. No ato generoso, há como que um transbordamento de si que se paga por si mesmo. A pessoa generosa está ligada à necessidade do outro, e a alegria do outro é o seu prazer. Essa alegria é a sua recompensa, um pagamento à vista: fica por aí. A generosidade que prevê a dívida não é amor, é uso. Claro que a pessoa generosa fica muito contente quando o outro sabe receber o gesto e oferece em troca uma gratidão genuína, doçura pura, sem submissão, porque ela tira o bem-estar.

A mãe que sabe cuidar de si e cresce como pessoa se sentirá melhor e será naturalmente mais generosa. Terá mais para dar e fará isso numa boa. Se despertar nos filhos sentimentos negativos, de raiva, é importante lidar com eles na hora em que surgirem.

É essencial expressar-se de forma e na dose suficientemente corretas. Mesmo sentimentos como a raiva, se bem administrados, são um combustível para a vida. Ninguém precisa ter culpa por ficar com raiva. É um movimento de vida. Agora, raiva mascarada, negada, vira destrutividade, bomba, e acumular bombas dentro de nós não funciona bem, porque elas costumam explodir quando menos esperamos e de modo inadequado, fazendo-nos perder a razão que tínhamos. Aceitando nossos sentimentos, podemos fazer opções e reagir de forma construtiva e funcional, adequada. E aí não há motivo para preocupações: o amor não será ferido.

A ideia de que a pessoa que ama – mãe, filho, ou qualquer outra – só tem sentimentos chamados de positivos, como ternura, paciência etc., é papo-furado. Um dia ouvi alguém perguntar a uma pessoa muito consciente, muito evoluída:

— O senhor tem raiva?

Ele respondeu:

— Claro, sou uma pessoa inteira. Não me falta nada. Mas eu sei o que faço com minha raiva. Você sabe o que faz com a sua?

O abraço amoroso só é profundo se a pessoa tem braços livres, capazes, se for essa a escolha, de se defender, ou mesmo de atacar, se isso for o construtivo. Não há regras, não é aí que está a ética, mas no mais profundo do nosso ser, sem necessidade de castrar nenhum de nossos aspectos.

As armadilhas da ingenuidade

É bom anotar os sonhos porque às vezes os detalhes mais importantes a gente só percebe depois. Ontem reli um sonho que tive. Um ladrão entrou na casa de uma mulher "conhecida, não muito íntima". Como descrevi na ocasião, algo nele me tocou de modo especial, mas isso não me despertou a atenção num primeiro momento, apenas na releitura do sonho, o que provocou uma sensação incômoda em mim. Fui dormir e tive outro sonho que foi fundo nessa sombra incômoda.

Eu estava num *workshop* de um grupo ligado a algum movimento espiritual ou de psicologia. Meu jeito de estar naquele ambiente tinha algo semelhante ao daquela mulher que, naquele sonho, deixara a janela aberta para o ladrão entrar, indiferente ao perigo. Eu circulava pelo grupo com muita alegria, disponibilidade e generosidade. Uma atitude de abertura. Até aí, tudo bem.

No entanto, algo não estava bem. Eu estava aberta para os outros e para a situação, mas não estava centrada em meu cerne; me percebia distraída, sem condições de notar com acuidade as diferenças entre as pessoas com quem me encontrava. Eu era generosa com todos, indiscriminadamente. E, como o sonho foi mostrando, alguns entendiam e davam valor à minha atitude, outros apenas se aproveitavam da situação.

SÓ COM A ROUPA DO CORPO

Numa das salas desse *workshop*, uma amiga, a quem eu ensinei tudo que pude de psicologia, dava uma conferência. Durante muito tempo ela fizera cursos, supervisões e trabalhos comigo.

Ela falava coisas ótimas, com muito sucesso. Senti-me feliz, orgulhosa dela e de nosso trabalho. Mas também fiquei triste pelo fato de que em nenhum momento era mencionada a minha contribuição. Aliás, ela se apoderava de ideias minhas e as apresentava como suas, sem me dar o crédito devido. No final, eu a encontrei a sós e a felicitei. Também falei da minha tristeza por ela não ter mostrado nenhum reconhecimento ao que eu lhe ensinara. Ela reagiu com raiva. Disse que já havia me agradecido em particular um dia, e agora não queria me dever nada. Tentei explicar que ela de fato nada me devia, num sentido mais estrito, pois o que dei foi com muita alegria e que, também, ela me dera outras coisas em contrapartida. Não se tratava de pagamento de dívida, mas de me incluir de alguma forma, mesmo que fosse somente na atitude, sem explicitá-la publicamente, caso achasse que isso pudesse prejudicá-la. Gratidão, amizade, era disso que eu falava, do que eu lhe dera ao longo de tantos anos de valorização e profissionalização. A reação dela foi desastrosa. Sentiu-se ameaçada por eu ser uma pessoa bastante conhecida na área de atuação, com medo de que meu brilho ofuscasse o dela. Eu tentava criar uma situação em que o espaço de cada uma fosse preservado, e em que pudéssemos compartilhar sentimentos, num abraço amoroso. Mas ela não podia me acolher, pelo menos naquele momento.

Saí dali um tanto chateada com isso.

Depois, em outro salão, deixei material didático, roupas e objetos numa mala aberta. Algumas pessoas pediram e outras simplesmente foram pegando coisas até que a mala ficou quase vazia. Passei um longo tempo tentando recuperar meus pertences, mas sempre muito distraída, ineficiente; o resultado foi que, em determinado momento, eu só tinha a roupa do corpo. Não podia nem tomar banho e me trocar.

Aliás, ocorre-me agora que isso de não poder tomar banho de modo confortável me remete àquele episódio que contei no sonho do porão, ao dia em que jurei sair daquele tipo de miséria. Penso que o sonho atual lembra-me de que existem outros tipos de pobreza que também é preciso combater. Nesse caso, a miséria está ligada a uma atitude de descuido, a uma falta de coesão interna, uma carência que não permite clareza e uma discriminação mais acurada do campo em que estou inserida em cada instante e de suas reais possibilidades de trocas. Entro, então, num desperdício de energia, perco minhas próprias fronteiras, deixo vazar meus bens sem nenhum foco, jogando no ralo minha energia de vida, meu tesouro humano, como se fosse nada.

Enquanto estou lá, perplexa diante da minha condição, entra na sala um homem, dono da lojinha do evento; ele também acaba me enrolando numa conversa mole e levando algumas poucas coisas que me restavam; no final, ele se dá conta do meu desamparo e acaba me oferecendo uma velha blusa de lã. Roubou-me e me deu uma esmola! Coisa típica do enrolador de fato. Mas no sonho eu ainda me encontrava naquele estado meio drogado, consciência embotada, sem acuidade ou condições de agir no padrão fartura. Em tempos de vacas magras, o essencial é sobreviver. Aceito a blusa e ainda agradeço. Era um começo para, pelo menos, uma troca de roupa.

E continuo apanhando sonho afora, já que o mestre dos sonhos resolveu, nesse dia, me sacudir com força para eu acordar da minha ingenuidade: entro no vestiário feminino, onde uma mulher meio doida se apodera das únicas roupas que me restam e ameaça levá-las; só aí eu saio da bobeira e reajo, impedindo-a. Meu Deus, meu limite foi a roupa do corpo! Enfim, eu só levava a pior, de cabo a rabo, nesse sonho. Acordei meio tonta e perplexa, disposta a entender direito aquele recado.

O tema é a ingenuidade. Que pecado é a ingenuidade que parece até uma virtude? O sonho me obrigou a prestar atenção nessa Maria ingênua que há em mim. Ela precisa de ajuda para se curar. A ingenuidade está atrapalhando a minha evolução como ser inteiro.

Ser ingênuo, não prestar atenção na maldade, na má-fé, ou até mesmo na limitação das pessoas é não olhar o outro de verdade, como ele é de fato; nesse sentido, é negá-lo. No fundo isso é egoísmo, é querer ver a vida do jeito mais cômodo, mais gostoso. É infantilidade. Além disso, tem uma arrogância: eu era melhor que todo mundo, uma vítima que não se defendia, aguentava todas e facilitava as coisas para que o lado pior dos outros surgisse e atuasse. Não denunciava nem me defendia com eficiência. De modo indireto, eu fomentava o mal e não o combatia. Encarado do ângulo mais interno, existe nessa atitude de ingenuidade uma carência afetiva muito grande, uma fragilidade emocional que força a pessoa a manter as ilusões sobre o mundo e as pessoas. É buscar mãe, enxergar a qualquer custo no outro a atitude de uma mãe amorosa; ter um jeito Poliana de ser – o mundo é bonzinho e vai me amar se eu for boazinha.

Isso me lembra algo que um dia eu disse a Clara, uma paciente:

— Você tem tanta necessidade de acreditar que existe mãe no mundo que até um poste você é capaz de vestir de mãe, e aos pés dele depositar doações, prestar homenagens, na fé de que um dia ele vai te reconhecer e amar. Mas poste é poste, nenhum esforço seu vai mudar isso. E de nada adianta chorar e reclamar depois por ele continuar sendo um poste! Aliás, ele também deveria reclamar de você por não tê-lo visto de fato como é, por estar tentando manipulá-lo a fim de mudar sua verdadeira natureza.

Claro que tudo isso tem um lado bom: eu me reconheço como generosa. Gosto de trazer minhas coisas boas e bonitas para brincar e repartir com os outros. Isso é tão bom que às vezes não é fácil enxergar que pode não dar certo. Que tem gente que não entende.

Houve um fato recente com a Renata que deve ter desencadeado o sonho. Tenho com ela um relacionamento de afeto, embora sem grande proximidade ou intimidade. Alguns meses atrás ela publicou, com um grupo, um livro a respeito de um trabalho que fizeram juntos, algo que me pareceu bom e merecia ser celebrado. Não pude comparecer ao lançamento do livro, então convidei-a para um almoço em minha casa para comemorar aquele que era um primeiro sucesso importante para ela. Quis incentivar, dar força. Pareceu-me importante reforçar aquela conquista. Ela não entendeu. Ficou achando que eu devia estar querendo alguma coisa com aquilo. Pediu mais, exigiu coisas absurdas. Eu dei a mão, ela quis o braço todo. Não dei. Tentei esclarecer. Ela ficou com raiva, fez fofoca, falou mal, caluniou. Fiquei chocada e triste com aquela atitude. E cheguei à conclusão de que eu realmente preciso tomar cuidado. Chega. Já levei as rasteiras que tinha de levar. Fim de carreira para a Maria ingênua.

VÍTIMA OU ALGOZ?

O ingênuo é cúmplice do ladrão, ele participa do crime. Deixa a janela aberta, deixa-se roubar. Cria tentações, chama o lado ruim do outro, estimula-o a ultrapassar seus limites.

Sendo vítima, eu exponho a maldade do outro. Se não luto com eficiência, com competência para me proteger, estou me aliando ao seu lado ruim. Torno-me então coautora do crime e da maldade.

É o mesmo que viver como criança, de forma irresponsável e folgada, sem prestar atenção aos perigos da vida. Ora, a vida não é só brincar, temos de escolher bem os companheiros da brincadeira, ou ela se torna perigosa.

Na verdade, ser ingênuo é ser egoísta: é não enxergar o outro em todos os seus lados, suas fraquezas incluídas, e, em vez disso, estar ligado apenas à própria necessidade de ver o mundo cor-de-rosa. É também manipulação no sentido de que a ingenuidade é uma forma de tentar forçar o outro a ser bonzinho e assim sustentar nossas ilusões. Como consequência, o ingênuo não colabora para proteger o outro de si mesmo e também a relação entre eles. Nessa medida, o ingênuo facilita o pior lado do outro a comparecer, convida seu lado sombrio a agir.

Num olhar mais distraído, podemos achar que o ingênuo é quase um santo. Mas é só focar bem para ver nele muita arrogância. Nunca vi isso ser tão bem definido como no filme *Dogville*, quando um personagem diz à grande vítima, ingênua cinco-estrelas, algo como: "Você aceita deles (os outros, os algozes) atitudes cruéis que jamais admitiria em si mesma. Então, é óbvio que você se acha muito melhor do que todos! Ou seja, você, uma pessoa santa e ética, deve ser tolerante com eles, pobres mortais..."

De fato, tive muitas oportunidades de verificar que um ingênuo pode não ser santo, mas sim um grande problema.

No tempo da ditadura no Brasil, nós, os engajados no movimento de retomada da democracia, tínhamos horror aos ingênuos. Os da esquerda podiam causar mais problemas do que os reacionários de direita. Eram incontroláveis, pois não tinham consciência nem acreditavam nos problemas e nos perigos. Viam a vida cor-de-rosa a qualquer custo. E assim, sem querer, sem intenção nenhuma, ou mesmo na melhor das intenções, davam pistas à polícia, o que muitas vezes significou o fim de vidas jovens e frutíferas.

Há um provérbio atribuído a Confúcio que diz o seguinte: "Por que tu me odeias, se nunca te fiz bem?" Pode parecer meio esquisito, mas depois de algum tempo entendi esse paradoxo. Até a generosidade de oferecer as próprias coisas pode se tornar um vício, um apego e, por isso, um mal. Porque se torna um dar sem discriminação, com uma motivação egoísta em si mesma, encarnada no prazer de ser aquele que dá, o rico, o que tem, sem olhar se o outro pode receber o que é oferecido, nem mesmo se aquilo lhe fará bem ou o fará se sentir o mendigo da relação, paralisado nesse polo, impedido de mover-se para também dar e trocar. Mimar nem sempre ajuda, nem crianças nem adultos.

Ocorre-me agora a fala de Cristo: "Não jogues pérolas aos porcos..." Se você dá de qualquer jeito, facilita que o outro haja como "porco", isto é, um bicho que não sabe distinguir pérolas de abóboras. O porco, diz também o Evangelho, cheira a pérola, não a reconhece e volta-se agressivamente contra quem lhe deu o presente errado.

Já tinha bastante consciência desses impasses da ingenuidade e, no entanto, no sonho dessa noite, terminei com a roupa do corpo, ou seja, a Maria ingênua ainda precisa evoluir. Porém, não mais no sentido de ser racional, objetiva, esperta. Existe sempre o risco de passarmos do ponto nessa dimensão e não correr o risco de cair na dureza e na insensibilidade, na racionalidade fria e distante da dor humana, desumana. A busca agora é de harmonização dos opostos, de integração.

Talvez ainda valha um esclarecimento: ingenuidade é diferente de inocência, é claro. Inocente é uma criança que ainda não teve oportunidade de aprender por ser inexperiente. A ingenuidade é uma doença, por assim dizer, no sentido de que é uma paralisação, uma recusa a enxergar o que vê diante de si, o que a experiência está mostrando. Por exemplo, uma criança pequena não sabe ver as horas num relógio porque ainda não aprendeu. Se aos 17-18 anos continua incapaz de ver as horas num relógio, há algo errado. Na nossa cultura, as oportunidades para esse aprendizado são incontáveis. Se não é uma dificuldade intelectual, então é emocional. Mas é uma disfunção. Da mesma forma, uma pessoa adulta que não consegue assimilar que a destrutividade humana é um fato, e que é preciso cuidar, está com um problema sério.

Em geral o ingênuo alterna momentos de descuido, de entrega excessiva – como um bebê que se larga nos braços maternos, de olhos fechados –, com momentos em que vai para o polo oposto, como se acordasse de seu sonho infantil no meio da confusão que sua atitude ajudou a criar, coisa que ele ignora, e fica extremamente desconfiado. Ou destrutivo, trocando de papel com o algoz e assumindo sua hora de violência. É um risco que corre. A bomba pode explodir, como vinha avisar o poodlezinho do sonho de Carla. O que a pessoa ingênua não percebe é que se entregar de olhos fechados, sem cuidados, não é amor, ou é amor de um bebê para sua mãe. De um adulto a gente espera que chegue de olhos abertos, andando com as próprias pernas, e não caindo de cabeça na relação, como fazemos ao nascer, saindo do útero materno e nos jogando nos braços da vida, esperando que um adulto amoroso nos segure, não nos deixe quebrar a moleira! Um bom companheiro nos ajuda a cuidar da construtividade da relação a cada momento com afeto, mas com firmeza, sem facilitar que nossas tendências neuróticas se fortaleçam.

Parte IV

Equívocos do sucesso

Robert: o grandão e o outro

Era um salão luxuoso. À mesa de jantar, um grupo de homens, executivos poderosos, e dois jornalistas igualmente importantes. Elogiavam a comida e falavam de negócios. Pelas enormes janelas de vidro, era possível divisar lá fora as montanhas que compunham a magnífica paisagem que se estendia aos nossos pés, como se ela se sujeitasse a compor a cena grandiosa dos deuses deste mundo ali reunidos.

Eu era a única mulher presente, acompanhando meu marido. Procurei entrar no clima da conversa, demonstrar interesse pelos números fantásticos que iam sendo comentados a respeito de produção e finanças. Mas, à medida que o tempo escorria, comecei a me sentir um tanto... estressada? Ou estaria ansiosa? Algo assim. A sensação era desagradável, como se meu peito fosse se fechando, se fechando... Como se houvesse uma regra rígida pairando no ar. De forma rigorosa e até ameaçadora ela ditava o que se deveria dizer, e como. Fixei minha atenção e percebi que meu mal-estar advinha da pessoa mais poderosa entre poderosos, que vou chamar de Robert. Ele estava sentado ao meu lado. Bonito, inteligente, educado e rico. Tudo certo com ele. Por que então eu me sentia assim quando tentava entrar em contato? Senti que aquela criatura tão perfeita não permitia a si – nem aos outros – a possibilidade de expressões pessoais, afetivas, de alma. Sem chances de se expressar, o coração ali devia se fingir de morto.

Captei logo aquela ordem e obedeci para não destoar. Mas me sentia cada vez mais asfixiada, contraída, prisioneira. E meu coração, fechado, reclamou forte. As outras pessoas do grupo pareciam muito à vontade. E Robert, o herói da reunião, realmente oferecia contato apenas para o canal intelectual, racional. Tudo nele era muito impessoal e politicamente correto. Minha primeira reação foi certa raiva daquele cara meio máquina que parecia castrar qualquer expressão plena de mim. Essa raiva, bem sei, aciona os músculos do pescoço, me dispõe para a rebeldia, para uma forma de raiva meio infantil.

UMA PERGUNTA PESSOAL

Robert falava agora das latas que fabricava e como pretendia dobrar, triplicar... Eu já estava querendo perguntar por que o mundo precisava de tanta lata... Tomei contato com minha reação e logo pude perceber o meu medo por trás da raiva. A menina do sertão de Minas, a menina de rua de São Paulo estava assustada diante de tantos símbolos ameaçadores: homens, ricos e poderosos. Tranquilizei minha menina frágil e cuidei dela. Meu diafragma soltou-se um pouco, saí do medo e, com isso, da raiva e da rebeldia. Encontrara um lugar de descanso em meu peito, antes tão apertado. Reassumi meu coração e dei-lhe permissão para sentir. A partir de então, comecei a ouvir Robert de outra forma. Fitei seus olhos azuis com boa vontade, busquei sua alma, e aos poucos fui sentindo o que suas milhares de latas disso e daquilo e seus milhões e milhões de dólares representavam para ele. Um menino assustado, tanto quanto Liquinha, como eu era chamada naqueles primeiros anos de minha vida no sertão, também morava no seu olhar e me espiava disfarçadamente. Meu interlocutor era agora um Bob qualquer, materialmente rico, mas tão desamparado quanto a Liquinha. Ele se apegava às suas latas, aos seus números, porque essas coisas asseguravam-lhe de sua força e de seu poder, fazendo-o esquecer toda a fragilidade.

Passei a sentir ternura pelos dois Roberts, o grandão, que tanto precisava de sucesso, e o menino, que pagava tão alto preço pelo sucesso. Eu o compreendia melhor agora, e até o acolhia.

Mas me permitia sentir, não negava, como era desagradável para mim o fato de algo nele não me abrir passagem alguma para nenhum contato pessoal, humano. Ele não me enxergava: eu, Maria pessoa, não existia. E ele, pessoa, também não tinha canal de acesso. E aquilo continuava me fazendo mal. Para ficar ali com ele e estabelecer uma conexão eu teria de me encolher, deixar de lado partes essenciais de mim. Ele só tinha ressonância para aquela conversa objetiva, impessoal. Robert era bastante inteligente e articulava muito bem assuntos impessoais, políticos e sobre economia, entre outros.

Naquela época da minha vida, eu estava justamente escancarando minha intuição e minha afetividade, tirando um atraso causado por anos de luta cruel pela sobrevivência no mundo profissional, dentro de um modelo tradicional, na verdade semelhante à luta daqueles homens para "chegar lá". E no meio dessa convalescença eu estava supersensível a campos fechados à dimensão humana, à troca afetiva. Certamente, hoje, seria mais tolerante com aquele campo empobrecido pela carência de conversas que trouxessem o coração junto, embora eu nunca opte por isso se tiver oportunidade de escolher. Mas naquela noite, com aqueles homens, sentia-me incomodada por ver que as pessoas só faziam discursos, monólogos. Ou entrávamos no lugar de plateia, ouvindo o discurso, ou, se falássemos, era para fazer discurso e monólogo também. Não se conversava verdadeiramente. Ninguém oferecia um campo de sintonia, de ressonância ao outro, uma verdadeira troca. E o isolamento da alma que se impunha me fazia mal, me tolhia, apertava, encolhia.

Mais tarde, após o jantar, notei que Robert estava parado ao lado da janela parecendo apreciar o espetáculo das montanhas lá fora. Aquele desejo de quebrar o gelo intelectual e tentar um contato me assaltou de novo. Não resisti. Resolvi correr o risco de me tornar socialmente incorreta, quebrar o protocolo. Aproximei-me, falei da paisagem para iniciar uma passagem... Compartilhei a sensação que as montanhas me passavam naquele momento... E então pedi licença para perguntar sobre um assunto pessoal.

— Claro! — ele respondeu, possivelmente não acreditando que seria mesmo pessoal.

— Bem, na verdade eu fiquei curiosa a respeito de algo...

Disse isso procurando de leve o seu olhar, tentando diminuir a enorme distância que ele impunha em torno de si, buscando criar um campo onde o contato pudesse ocorrer, cuidando, ao mesmo tempo, para não invadir a barreira. Eu, por assim dizer, batia na porta, tocava a campainha e aguardava que ele aparecesse. Fui tateando na escuridão do formalismo frio que ele oferecia... E algo nele acusou o reconhecimento da dose de intimidade que eu coloquei no novo campo. Uma vibração diferente, um convite que o tocou em algum grau, pequeno, mas muito bem-vindo para mim... Como se a membrana que o definia e o enclausurava se tornasse um pouco menos impermeável. Seu olhar voltou-se de novo para as montanhas e o meu o acompanhou, deixando-se acolher pelas figuras redondas, maternas daqueles picos. Robert não era mais uma esfera de ferro, uma superfície onde tudo que era afetivo irremediavelmente escorria. Houve uma pequena brecha para um breve contato.

Continuei, entrando logo no assunto:

— Me passou pela cabeça que talvez a sua esposa esteja muito doente...

Dessa vez a mensagem o pegou de surpresa, como num impacto. Era o que eu queria. Era meio como dar uma injeção. Suavidade no trato, cuidado na escolha do lugar e, na hora certa, um gesto decidido, sem hesitação.

Robert levou um susto e seus olhos azuis brilharam com a luz da vulnerabilidade humana... Olhou-me pela primeira vez, talvez para saber que bicho era aquele ali diante dele ou por ter gostado do que viu, pois se deixou descongelar um pouquinho enquanto respondia que, de fato, aquele era o único problema de sua vida. Sua mulher estava realmente doente havia dois anos, de cama, e ninguém conseguia ajudá-la. Tinha uma depressão grave, era muito frágil física e emocionalmente, disse ele, e... Parou de falar. Fez uma pausa. Olhou-me de novo. De outro modo, intrigado, curioso:

— Mas por que você me perguntou isso? De onde veio essa ideia? Quero dizer, você não a conhece...

Olhei-o com firmeza e acolhimento e respondi:

— Intuí isso. Senti.

Eu sabia que, no mundo dele, aquela linguagem anticientífica de intuição, sensação, soava mais como bruxaria latino-americana. Robert é suíço e estávamos na Suíça. Mas eu estava decidida a correr qualquer risco. Queria realmente tentar quebrar seu gelo intelectual e deixar uma marca, um sinal de que há vida além da lógica e da razão. Ele – como eu e boa parte da humanidade – era prisioneiro desse modelo que nos impede de desenvolver nosso lado afetivo e intuitivo e determina que sejamos racionais e lógicos para realmente vencer. Talvez isso tenha tido função na história humana, mas hoje anda bastante disfuncional. A estrutura emocional humana está pedindo uma reforma, uma transformação que permita ampliar as possibilidades de expressão do nosso ser inteiro.

Por um momento Robert me pareceu muito interessado em aprofundar o assunto.

— Mas essa intuição veio com base em quê? — perguntou.

— Bem, posso dizer que foi pelo seu jeito de ser...

— Do meu?

— De certa forma. E também do meu...

— Interessante... Quero saber mais sobre isso. Me explique melhor.

— Claro. Eu também gostaria muito de dizer que...
Um dos presentes se aproximou, falou algo que fisgou Robert. Ele hesitou entre ir com ele e continuar a falar comigo.
— Com licença — me disse gentilmente. — Mas quero continuar esse assunto! Ele é importante!
E se foi.

No fim da noite, ele me procurou para dizer que queria saber tudo sobre aquela pergunta, que achara muito interessante o fato de eu ter captado aquilo em tão pouco tempo. Respondi que estava disponível para falar mais e ficaria na cidade ainda no dia seguinte. Acrescentei que, na verdade, seria mesmo necessário um tempo e um lugar para falar sobre aquilo.

UM TINHA DE SER O DOENTE OFICIAL

Eu tinha mesmo vontade de conversar com ele a respeito daquele estilo de vida que nos havia sido imposto pela nossa sociedade e sobre suas consequências. Lembrei que ele mencionara estar casado havia 12 anos e que tudo era perfeito até dois anos antes, quando a mulher adoecera. Pensei comigo: "Até que ela resistira muito tempo". Ela era dura na queda. Eu teria sucumbido antes. Afinal, em duas horas na presença daquele campo de relação que inviabilizava a expressão emocional eu já começara a passar mal... Nada que fosse íntimo, pessoal tinha alguma possibilidade de ressonância naquele campo que se criava na presença de Robert. A gente ia se sentindo sem canal de contato afetivo, num vazio sem oxigênio. Essa era a sensação. E, nesse clima, a conversa até interessante sobre negócios, política e assuntos afins acabava perdendo o sentido, ficando como algo sem vida, vazio e esvaziante.

Penso que, na relação do casal, Robert estava no papel do forte, racional e saudável, enquanto a esposa era empurrada para a condição de doente. Cada um deles estava aprisionado em sua posição, paralisado nela e impossibilitado de usufruir outras possibilidades. Era um equilíbrio neurótico, uma relação desvitalizadora para ambos, mas, oficialmente, a enferma era a mulher, ou seja, frágil, deprimida, um tanto "desequilibrada". Porém, na realidade, o marido era a outra face da moeda, um doente também, se usarmos esse termo, porém com outros sintomas.

— Estarei amanhã o dia todo na cidade, ligue se quiser conversar — eu lhe disse.

Por um instante, uma sombra toldou seu olhar. E eu senti que a tal conversa não ia acontecer.

Não aconteceu e, no próximo capítulo, eu gostaria de analisar um pouco as possíveis razões desse temor que as pessoas têm do encontro consigo mesmas.

Raízes da solidão

Esse encontro com Robert foi há uns bons anos. Hoje temos mais liberdade para ser mais inteiros e deixar fluir nossa intuição, nossa afetividade? Por que é tão difícil aceitar o convite para uma viagem interior, um aprofundamento nas sombras de nosso próprio ser, a fim de enfrentar nossos vazios, nossas carências mais doloridas? Por que tanta gente tenta se embriagar com excitações tão ruidosas que impedem a escuta do silêncio interior? Sucesso, poder, riqueza, lazer desregrado, desarmonizador, drogas. Comer sem medida, deixar de comer por vaidade, trabalhar demais. Vícios que tentam disfarçar o vazio da alma. Por que tanto medo da solidão?

E o mais paradoxal é que fugir assim da solidão e da tristeza leva a uma solidão ainda maior, a um isolamento pela ausência de trocas profundas e significativas. É ficar abandonado de si mesmo, na intolerável solidão de não saber sequer fazer boa companhia a si próprio. Triste não poder contar consigo mesmo nas horas difíceis, naquelas ocasiões em que a gente fez bobagem e precisa ficar firme, interiormente se confirmando, sem duvidar do valor intrínseco. Quantas vezes, numa hora dessas, a gente se acusa, se julga sem piedade, se chama de idiota, se humilha sem necessidade? Quando dentro de nós não há acolhimento e compaixão – o princípio materno –, e quando nos julgamos e condenamos com uma autoexigência e um perfeccionismo cruéis, nos tornamos juízes implacáveis e impiedosos de nós mesmos – um princípio paterno doente e desequilibrado. Nesse clima, como nos arriscaremos a penetrar no nosso próprio mundo interior?

Sermos justos com nós mesmos é difícil, mas, felizmente, não é impossível.

Acredito que de alguma forma carregamos um Robert dentro de nós. Alguém que zela por tudo que deu certo, que se apega tanto a esse sucesso que nem ousa mexer nele. Alguém que tenta segurar, eternizar uma configuração qualquer que parece bem-sucedida. Só que os limites desse sucesso variam muito. Às vezes, para usar uma expressão do psiquiatra Paulo Gaudencio, a gente vê uma pessoa aguentando tudo para garantir, por exemplo, um "salário mínimo de amor". É pouco, mas é garantido. Uma ilusão, aliás, porque nada neste mundo é garantido. Mas é tanto o medo de mexer, de perder aquele pouco, que a pessoa se esquece ou mesmo se recusa a fazer uma conta sincera do custo-benefício da sua situação. Se fizesse, veria que, em certos casos, há muito está passando do ponto de equilíbrio e está no prejuízo. Ou veria que, mesmo quando a coisa como um todo vai bem, é preciso evoluir, reorganizar-se para se adequar ao fluxo inelutável das mudanças constantes da vida.

Só que o Robert em nós tem medo de tocar e desagregar tudo. Isso vale tanto para a vida pessoal, as relações afetivas, como para os negócios, a vida profissional. E o fato é que nos apegamos, nos agarramos a certas coisas como se delas dependesse nossa segurança ou, às vezes, nossa própria vida. E onde arrumar coragem para olhar, para nos enxergarmos sem medo?

A VIDA ANTES DA VIDA

Em outras palavras: como falar sobre esse tema tão delicado e tão chocante para uma mente como a de Robert, que é toda objetiva, que nega ou desqualifica o reino do subjetivo, do afetivo, da vida interior? É preciso tentar. Porque é muito importante entender o motivo desse medo enorme de mergulhar em si mesmo.

Esse entendimento talvez comece longe. Todas as nossas primeiras experiências de vida nos marcam de alguma forma, deixam sinais gravados em nosso jeito de ser e estar na vida, em nosso movimento essencial de funcionar.

E quando começa esse processo? Pelo menos na fecundação já podemos começar a contar esse prazo, sem longas discussões teóricas a esse respeito. Muita gente pensa em experiências anteriores ainda, na etapa de óvulo e espermatozoides, em células iniciais já marcadas. Não temos memória desses tempos, já que nem cérebro tínhamos, mas podemos pensar numa espécie de memória celular anterior à consciência, ou seja, em marcas gravadas como padrões de movimento do sistema vivo. Revendo o ser humano desde os seus primórdios: ao passar pela forma de peixe, de réptil e depois de um feto humano, repetimos a experiência da história da vida neste planeta. Completado o ciclo no útero, uma vez que tudo tenha dado certo, estamos inteiros e prontos para nascer.

Hoje contamos com um material muito rico – exames com ultrassom, por exemplo – que permite um monitoramento da reação do feto, além de estatísticas e pesquisas clínicas que nos dão algum acesso ao fantástico universo da vida intrauterina. Também o bom-senso, que já nos dizia desde sempre que as condições em que fomos gerados e gestados certamente fazem diferença...

O corpo da mãe é o nosso primeiro chão, nosso primeiro mundo. Um chão rico e fértil, cheio de vitalidade, pleno de energia, dá condições, campo para o desenvolvimento saudável do fruto. Em certas circunstâncias, o corpo da mãe é um deserto – formado por pouca energia e vitalidade, falta de condições físicas ou emocionais. No deserto as coisas mudam, a vida luta e se gasta para continuar.

Mas também é verdade que algumas sementes são mais vitais e se viram melhor, aguentam bem qualquer condição, com mais possibilidades de reações. Enfim, é uma equação complexa, na qual muitas variáveis interagem ao mesmo tempo, em diferentes níveis. Condições adequadas para uma boa gestação incluem, é claro, aspectos físicos, emocionais e existenciais da mãe e do pai do bebê. Envolvem ainda a qualidade da relação entre eles, a energia que há no encontro amoroso que gera a criança.

Há, pois, toda uma vida antes de entrarmos nesta vida propriamente – e depois a passagem, o parto.

OLHANDO O BEBÊ DE FRENTE

Como atravessamos a fronteira? Um corpo materno vital, amoroso, reconheceu com precisão que era chegado o momento de deixar o fruto ir e abriu-se para dar passagem? Ou não conseguiu fazer esse movimento e tentou se apegar ao filho, confundindo-o, em sua carência, como algo seu, parte de seu corpo, cuja ausência a lançaria no vazio de si mesma? Nesse caso, o pai, presente, agiu com firmeza e amor, garantindo o parto, o nascimento do filho, seu direito à autonomia? Ajudou, enfim, de forma que o parto ocorresse da melhor maneira possível? Esteve atento ao momento da chegada da criança, inteiro no seu papel de zelar pela díade mãe-bebê, para que esses dois seres, ainda ligados visceralmente, pudessem viver aquilo que é um verdadeiro grande amor, uma paixão indescritível que toma conta de tudo, capaz de preencher o mundo inteiro? Assim as coisas acontecem quando nada atrapalha o coração e a natureza.

Enfim, essa viagem no início da vida é uma aventura maravilhosa, mas não isenta de riscos e sofrimentos. Quando condições estressantes atingem a mãe ou o bebê, as marcas resultantes podem acompanhar este até a vida adulta. Talvez uma sensação de fragmentação, de não estar inteiro, de vazios repentinos, de ameaça de estilhaçamento, um desamparo constante vindo não se sabe de onde nem por quê. Um núcleo de fragilidade. O feto não conseguiu realmente amadurecer para nascer, não estava ainda inteiro. Se o estresse for muito grande e o bebê não tiver condições de lidar com ele, corre o risco de ficar paralisado nesse momento da vida; em algum grau, parte de sua energia estará sempre atenta, atada à administração desse bebê, como uma espécie de babá do que ficou preso lá atrás.

Se o grau de dificuldade for imenso e a condição de reação do bebê não for suficiente, configura-se uma condição psicótica grave, ou seja, esse fato provocará uma paralisação em sua parte feto pelo resto da vida. Tentará sempre dar o passo seguinte, nascer. É como se esse feto ficasse ali, esperando receber sua cota de cuidados necessários para se tornar inteiro, pronto para nascer.

O que se tem visto é que poucas pessoas passam em brancas nuvens pelo início de suas vidas. Muitas marcas de estresse se instalam tanto no período pré-natal como um pouco depois, na amamentação e no desmame, no primeiro ano de vida. São aspectos frágeis, núcleos depressivos que exigem uma administração onerosa, consumidora de boa parte da nossa energia vital.

Felizmente, alguém como Robert tem energia suficiente para sustentar a situação e, portanto, manter seu processo de desenvolvimento. Hoje se sabe, por exemplo, que um feto pode "interferir" de forma positiva até diante de uma ameaça de aborto; o organismo do feto produzirá, se for suficientemente vital, dotado de bastante energia, uma substância, um hormônio, que ajudará a manter a gravidez. Nesse caso, podemos dizer que o bebê sustentou o campo materno. Parabéns. Mas isso, pensa-se hoje, pode marcar a personalidade: ele terá, pela vida afora, uma tendência, um padrão de funcionamento de segurar os outros, de segurar a barra de todos. É o caso que relatamos de Carla.

É uma carregadora – tem esse impulso forte, arraigado em seu jeito de ser, como um padrão seu de funcionar. Mudar isso não é fácil, embora não seja impossível.

CONDENADOS AO SUCESSO

Ter sucesso é muito bom, mas se sentir condenado a tê-lo sob pena de ser excluído, expurgado e destituído de todo valor social e humano é escravidão. Sobretudo quando o conceito de sucesso é demasiadamente estreito, apertado e deixa pouco espaço para a criatividade, para as diferentes expressões do talento. O excesso de peso colocado na realização exterior acaba oprimindo a alma e criando o vazio interior, a pobreza da vida íntima, a miséria emocional e espiritual. Quando as pessoas já não valem pelo que são em sua essência, mas pelo que materialmente aparentam, o resultado é uma castração como ser humano. Aquilo que somos na essência se reflete em nossa maneira de estar no mundo. Se somos pessoas boas e amorosas, nos tornamos uma presença que enriquece e dá mais vitalidade aos lugares onde estamos. Isso é o que importa de fato. O contrário também vale. Se somos destrutivos, diminuiremos a vitalidade em torno de nós, mesmo que tenhamos muito charme e posses.

Então, apenas os malsucedidos são bons?

Também não é por aí. O sucesso material tem o seu valor. Bobagem dizer que só a mudança emocional e espiritual importa. Uma pessoa adulta que não conquista independência econômica para se sustentar e à sua família é imatura ou vive numa sociedade desequilibrada que não oferece condições mínimas de evolução pessoal e humana a seus cidadãos. Por isso, é puro escapismo pensar em evolução individual sem incluir, ao mesmo tempo, a ação nos campos social, político e econômico.

A miséria econômica aprisiona a energia das pessoas em virtude da preocupação com a sobrevivência, dificultando ou mesmo impedindo o crescimento emocional e espiritual, que desabrocharia na maturidade humana plena.

O perigo é o sucesso de uma nota só. É ficarmos paralisados tempo demais em um estágio evolutivo, seduzidos por nossa própria vaidade. Chegar a um estágio elevado de sucesso material ou intelectual com prejuízo de uma afetividade que se perdeu nos descaminhos da cabeça ou do ego. Desenvolvemos a mente e agora precisamos religá-la ao coração para, a partir dele, acessar nossa intuição, que é o portal para o estágio seguinte do desenvolvimento humano – a dimensão espiritual. Temos fome de totalidade, daquela sabedoria e dos movimentos do espírito que vão além dos conhecimentos puramente intelectuais e afetivos.

A intuição é o caminho para essa totalidade. Enquanto a mente sinaliza o intelecto e o coração aponta para o afetivo, a intuição abrange todo o corpo e vai além dele, incluindo outros corpos, outras dimensões, ampliando o próprio conceito de *eu*. Em um indivíduo muito regredido, o *eu* acaba sendo o umbigo, e nem ele cabe inteiro nisso. Fica grudadinho no próprio umbigo, incapaz de afastar-se um milímetro para não se perder, já que não sabe mover-se sozinho. Fica ali, naquele território apertado, sem nem respirar. Outros já se expandem mais e gritam *"eu!"* bem alto para afirmar seu território e protegê-lo. No estágio seguinte, evoluindo aos poucos, a pessoa fica mais sossegada em relação à sua capacidade de defender seu território, já o sente seu de tal forma que sua proteção se torna natural, fisiológica. Não precisa mais gritar *"eu!"* e *"meu!"* com a veemência de uma criança pequena. Agora pode ficar mais serena, mais segura de si. Pode olhar o outro e descobrir a delícia de brincar com ele, de relacionar-se. Empresta seu brinquedo e ganha o prazer de brincar junto. Sente o sabor de cooperar em vez de só competir, que pode ser mantido no campo do colaborar, incluir a relação, preservar o companheiro e, com isso, o prazer maior, mais sutil, mais evoluído, humano. O ego passa a abrandar suas fronteiras, adquirir textura mais complexa, filtros mais elaborados, e não mais aquele simplista sim ou não, aquele tudo ou nada de uma fase anterior.

Nesse processo, o *eu* pode tentar lentamente se ampliar sem se perder, tendo sempre seguro o centro, o lar interior para onde retornar – a casa verdadeira, que está dentro da gente. Os espaços interiores se tornam mais amplos, mais ricos. Um dia, o *eu* inclui todos e tudo. Não de forma indiscriminada, pois isso seria psicose, loucura mesmo, condição em que a pessoa pode ser qualquer coisa, Napoleão ou Jesus Cristo, um típico recurso para fugir do vazio de dentro, onde ela se sente ninguém, não existente. Nesse caso, o Napoleão ou o Jesus Cristo em questão não têm lar nenhum para onde voltar, perderam seu centro e por isso se agarram a uma identidade qualquer só para segurar seu sentido de existência, para não morrerem como pessoa.

Há uma história engraçada e trágica que exemplifica bem isso.

Certo dia, Jorge, um rapaz psicótico, disse-me logo ao entrar no consultório:

— Eu sou Jesus Cristo. E se você for me encher o saco discutindo isso, avisa logo porque já vou embora.

Prometi não discutir. Ele entrou e fiquei observando enquanto andava e falava como Jesus Cristo. Interrompi seu discurso, o que não era fácil porque aquele Jesus me ignorava completamente e não queria interrupções. Mas eu me aproximei, olhei-o de frente (ele não gostava, desviava o olhar) para me fazer presente e disse:

— Desculpe, mas é importante! Estou achando bem legal seu jeito de andar como Jesus Cristo e queria muito que você prestasse atenção.

E me pus a andar com firmeza e aprumo como ele, ao seu lado, como outro ele, um Jorge-Maria, ou um Jesus Cristo-Maria. Fui dizendo como eu me sentia daquele jeito:

— Olhe sua postura! Você se lembra de que ontem você estava todo encolhido? E agora está em pé, cresceu, ganhou toda essa dignidade, esse aprumo.

Ele me olhou, parou um pouco de ser Cristo, meio desconfiado de que eu estivesse fazendo uma gozação. Expliquei:

— Jorge, eu quero mesmo é guardar alguma coisa desse momento em que você é Jesus para depois, quando você não sustentar mais isso. Você sabe que isso acontece sempre, e aí fica tão encolhido... Queria guardar essas posturas, queria que você as sentisse bem, guardasse-as com você.

Então, nós dois andávamos e falávamos como dois Cristos, e foi acontecendo uma dança interessante que ia mostrando o potencial de expansão de Jorge, de ocupar espaços, falar, pensar, expressar-se. E até de me olhar de frente e do alto, coisa impensável para ele quando não tinha essa roupa de Jesus Cristo. E conversamos coisas interessantes, voamos no além, dois Jesus soltos como duas pipas coloridas levadas pelo vento no azul do céu. Mas eu tinha minha linha bem amarrada na terra (dentro de mim) e não precisava deixar de ser Maria para experimentar aquela expansão toda. Jorge não tinha. Ele era uma pipa cuja linha o menino deixara escapar e agora voava ao sabor do vento, sem saber como retornar, como aterrissar de novo no chão do planeta. Quando se esvaziasse aquela expansão extremada, ele cairia numa tremenda contração deprimida, no fundo do poço, no vazio de si mesmo, onde era ninguém. Tal como agora ele podia ser tudo e todos, mas sem compromisso nenhum consigo, negando-se totalmente. Então eu tentava lembrar seu corpo e seu espírito de algumas possibilidades que Jesus Cristo lhe trazia. Esperava assim poder ajudá-lo no difícil momento em que a gravidade da Terra, o seu próprio cerne o arremessariam de volta a si mesmo.

Bem, mas esse é um caso extremo de não saber de si e se ver obrigado a ficar encolhido num cubículo existencial, na contração extrema da psicose. Só menciono isso porque nós, pessoas comuns, neuróticos comuns, também nos valemos desses artifícios em certa dose, alternando entre uma expansão exagerada, uma euforia que acaba nos jogando na outra ponta, na contração também exagerada que não consegue se sustentar infinitamente e acaba voltando de forma brusca para o outro polo.

O recurso de Robert, por exemplo, é se enclausurar na dimensão intelectual a qualquer custo, fugindo de suas emoções e de sua afetividade, evitando entrar em contato com sua vulnerabilidade humana e lidar com ela. Não ousa olhar além, ampliar seus horizontes existenciais em busca de seu coração e de sua alma. Só no mais profundo de si mesmo é que ele se sabe pobre apesar da sólida conta no banco. E essa atitude significa, afinal de contas, o mesmo medo de se perder, de não ter centro suficiente para a expansão – e pirar! Como um Jorge.

Jorge se agarra à sua fantasia de Jesus Cristo. Robert, à de executivo bem-sucedido e poderoso. Não quero dizer que a saída de Jorge esteja no mesmo nível da de Robert. É claro que não. A solução psicótica é impotente, uma estratégia de sobrevivência no mínimo, uma pobreza energética que inviabiliza qualquer expressão de si mesmo, que mina a criatividade funcional. Robert tem muita energia e expressa parte dela realizando várias coisas e construindo materialmente estruturas gigantescas. Faz muito, mas a expressão do sentir e do ser é pobre. Sua dimensão afetiva e a possibilidade espiritual ficam comprometidas, semifechadas. Nesse sentido, sua potência plena como ser humano é prejudicada.

Comparo Jorge e Robert aqui apenas para chamar a atenção para o fato de que em ambas as atitudes há um impulso de encontrar um papel, como quem busca um porto seguro. Mas encontrar um porto dessa forma não passa de ilusão. Até certo ponto funciona, porém o custo é justamente ter de ficar agarrado ao porto, longe das incríveis possibilidades, da verdadeira aventura humana que se passa no mar infinito, onde não há portos externos, garantias artificiais. Só quem aprende a surfar no mar interior, com humildade suficiente para respeitar o oceano que não admite prepotência nem recebe ordens, ganha como prêmio o crescimento pessoal. Esse tipo de surfista precisa de firmeza, não dureza ou rigidez, pois aqui a humilde flexibilidade de dançar com as ondas é que é essencial. O surfista precisa saber de si, de suas fraquezas, de seus pontos de fragilidade, e trabalhar neles o tempo todo para não perder o eixo nem ser engolido pelas ondas. E, se for engolido, deve aceitar o fato; aprender a cair, a perder aquela onda maravilhosa que já parecia sua e fazer do fracasso uma oportunidade para maior sabedoria, para voltar em melhor forma ao seu eixo. Como um peixe que tem fé na sabedoria do mar e não perde energia discutindo com ele...

A verdade é que todos corremos o sério risco de montar um estilo de vida que nos impeça de pirar e de virar Jesus Cristo. Só que a um custo muito alto. Porque, para não voar demais, nos prendemos em excesso à terra, nos enterramos na outra ponta da loucura: aí fica normal demais, lógico e racional até a raiz dos cabelos, expurgando da vida o luxo da afetividade e da intuição, que podem nos religar ao sonho humano de plenitude até as raias do divino.

Claro que há perigos na aventura da busca de nossas dimensões profundas, humanas e divinas. A Idade Média pirou na superstição, perdeu-se no misticismo. E não foi somente nessa época, porque ainda hoje o preço pessoal e social dos fanatismos religiosos de todos os tipos é alto. Ou melhor, de fanatismos, religiosos, políticos, científicos, anticientíficos, ou seja lá qual for a bandeira desfraldada de modo radical. No fundo, todos os tipos de fanatismo são maneiras que as pessoas têm de se agarrar a uma pseudoidentidade a qualquer custo, como Jorge. É possível também pirar no polo oposto, num racionalismo gélido e crítico, sem coração nem alma. Ainda bem que agora, na aurora do século XXI, já ocorre certo movimento de integração, e eu diria que vai muito bem. São passos de esperança rumo ao sonhado equilíbrio.

RISCOS DE MORAR NA MENTE

O que estou querendo dizer é que Robert possivelmente tem na "família Robert" – seus vários "eus" – um bebê muito pequeno, frágil e desamparado. Quando cresceu um pouco, conseguiu sair daquela área de perigo, pegou força e foi em frente, usando seus recursos mais evoluídos: era inteligente e tornou-se um menino bem-sucedido nos estudos, por exemplo. Talvez depois de seu primeiro ano de vida sua família também estivesse mais refeita das questões mais regredidas que a envolveram no tempo anterior, e todos tenham começado a puxar a criança, a reforçar os lados mais desenvolvidos, mais fáceis de lidar, como inteligência, habilidade de andar, de falar. O universo do fazer reforçaram o fazedor, como é tão frequente em nossa cultura.

A capacidade de agir, tomar decisões, executar faz parte do amadurecimento natural. Sem isso, permanecemos bebês dependentes. Muitas vezes, contudo, acontece um fazer compulsivo, neurótico, que, embora imite o verdadeiro fazer potente, tem diferenças essenciais. O fazer neurótico é uma espécie de vício que mantém o organismo sempre com alta dose de adrenalina e tem a função de evitar a depressão, a caída no vazio, onde mora uma autoestima prejudicada. Dificulta ou impede o usufruir da obra realizada. Essa obsessão pela ação, pela adrenalina é tal que todos sabemos a elevada audiência de qualquer programa de TV ou filme que entre nessa sintonia. A calma, o silêncio ou mesmo o descanso podem se tornar situações de ameaça e angústia.

Com tanto arremedo de potência, todo mundo se esquece, e faz questão de esquecer, dos fetos, dos bebês que ainda estão dentro de si, esperando para serem cuidados e assim terem condições de crescer e ficar ao lado dos aspectos mais desenvolvidos e fortes. Os Roberts frágeis são renegados, excluídos da "família". Os outros, fortes, bem-sucedidos, são ressaltados – e sobrecarregados.

Quando uma família está grávida – a mãe, o pai, os outros filhos, às vezes a avó –, todos tendem a se manter regredidos. A presença de um feto no campo familiar aciona, convida os fetos de cada uma das pessoas envolvidas a mostrar a cara. Todos ficam propensos a regredir. A amamentação também costuma mexer com os membros da família. Não é fácil. Apesar disso tudo, há um lado positivo: é um tipo de crise, uma regressão, a serviço da saúde, da busca de retornar, pegando carona no bebê para que cada um refaça as próprias vivências daquele período de vida e assim dê um salto evolutivo, reorganizando a estrutura emocional. Isso, inclusive, ajuda a criar uma condição de campo familiar melhor para o bebê. Como toda crise, é uma oportunidade de evoluir.

De qualquer forma, o fato é que temos a forte tentação de esconder de nós mesmos e de todos nossa parte feto ou recém--nascido, nossa maior fragilidade. Prendemos no quarto dos fundos ou no porão, num lugar onde nem nós mesmos entramos em contato com ele. Esquecemos então que somos também esse ser frágil e desamparado. Para isso, acionamos o movimento contrário, uma valentia reativa, exagerada, ou uma frieza e uma racionalidade que expurgam a afetividade – o coração, as vísceras, o diafragma principalmente – pois tais esferas com certeza nos conectariam direta e fortemente com o tal feto escondido, negado, rejeitado. Ao mesmo tempo, criamos fortes tensões musculares no pescoço e nos ombros que cumprem funções importantes. Uma delas é nos permitir morar na mente, o que dá uma sensação de superioridade, entre outras coisas. O pensamento, desconectado das sensações, tudo pode, não tem limites. No pensamento posso criar um mundo de ilusões, um universo paralelo onde sou rei, sou o que penso ser, Napoleão, Jesus Cristo, o que for! Ali sou o que penso ser, o que gostaria de ser. O coração, no entanto, nos dirá: "Sinto muito, mas não vai dar; você bem sabe que não é assim... Isso é o que você gostaria de ser, ou pensa ser, e não aquilo que de fato é". As vísceras, por sua vez, dirão, sem fantasia: "Melhor um bife duro e real do que um delicioso filé na fantasia..."

Ainda nos envergonhamos de nossa fragilidade, da dependência escondida, disfarçada de muita coisa, até de independência exagerada. Daí uma espécie de veneração pela ideia de independência mal-entendida, que acaba se transformando em individualismo, egoísmo, longe, enfim, de uma autonomia sadia que inclui a capacidade de amar e de se comprometer.

Enquanto isso não acontece, manter o pescoço tenso, a cabeça empinada, pode nos dar a sensação de força, de superioridade. Acreditamos poder carregar o mundo nas costas, que podemos tudo. O que, psicologicamente, confere um traço de arrogância, declarada ou disfarçada, e também de masoquismo, pois carregar o mundo nas costas, segurar todas as barras, viver parecendo sempre o mais forte é um triste destino, o do super--homem que não acredita que basta ser humano. Uma luta inglória, por mais sucessos que possa trazer. Viver prisioneiro da mente, do intelecto desconectado do resto do corpo, é renunciar à condição de ser uma pessoa inteira, a deixar fluir as emoções, a afetividade, a genitalidade. O medo de sofrer está nos impedindo de ser humanos, castrando nosso ser inteiro, a integração de toda a nossa corporalidade, nosso ser total.

O Robert em cada um de nós guarda uma dor que nos espreita a todo momento. Nosso Robert tem sempre algo a esconder – sua fragilidade, seu bebê. Gasta com isso uma energia enorme, que poderia ser utilizada em mais prazer, criatividade e alegria de viver.

O pior de tudo isso é que, muitas vezes, nem ele mesmo sabe desse sofrimento. Queixa-se de andar muito estressado, pressionado pela agenda. Viver ansioso, elétrico não é uma situação que a plateia proíbe, é até um pouco chique – sintomas de VIPs. Mas de tristeza, depressão, ele não quer saber, isso não dá audiência. Coisas para fracos, perdedores. A vida passa a ser um esforço diário para reafirmar, gritar: "Sou forte". Gritar por quê? Falar com voz normal já seria suficiente. É um tanto quanto suspeito precisar confirmar e reconfirmar a toda hora. Muitas vezes no meu consultório, na hora da verdade, tive o privilégio de ser companheira de algum Robert que confessava, ao tentar sair da mais negra das solidões:

— Confesso que às vezes tenho de olhar meu currículo, tudo que fiz, meus milhões de reais, para acreditar que aquele cara ganhador sou eu mesmo. Porque, às vezes, é como se essa fosse outra pessoa. Não consigo integrar em mim tudo que eu faço. Há uma baixa autoestima da qual ninguém em volta desconfia. Um vazio que permanece. Depois, corro para o trabalho, me envolvo e esqueço. Lá, sou uma máquina e faço tudo com força. Como pode?

É uma boa pergunta. Mas há outras. Por que viver com pressa? Fugindo do quê? Do bebê frágil, desamparado? Tanto ouro, tanto poder, para quê? Para fechar e disfarçar a porta que se fecha sobre aquele outro lado sem pele, dependente, necessitado até a morte de contato, acolhimento, intimidade?

Casar-se ou fazer qualquer tipo de associação com uma pessoa que fique no lugar de dependente e deprimida, como a mulher de Robert, pode ajudá-lo a equilibrar-se no jogo de estar junto e próximo (relativamente) – porque o outro precisa –, e sustentar a ilusão de que ele está isento, no controle, independente. Assim ele pode tocar o outro, mas não se deixa tocar. O que é difícil para seu parceiro, joga-o numa carência, numa penúria afetiva. No fundo, a mesma do próprio Robert. Jogo duro. Para todos.

E a mulher de Robert, por que fica nisso? Essa é outra história, que fica para a próxima...

Como encaminhar uma saída para essas questões? Penso que só há um caminho, e o primeiro passo é a tomada de consciência, seguida da decisão de assumir de frente a paternidade do próprio bebê escondido. É preciso trabalhar para desmontar os padrões de autossabotagem e substituí-los pela aceitação amorosa de si mesmo – uma boa mãe interna – e uma atitude de comemorar cada conquista, grande ou pequena, criando dentro de si uma fonte de apoio e confirmação, uma boa retaguarda para estar na vida – um pai interno mais inteiro, mais integrador.

DO DIREITO DE ESTAR DESCONTENTE

Dia desses, um cliente da "família" Robert me trouxe um poema de Tarso de Melo que bem ilustra o que é ser executivo em meio a um turbilhão de demandas do cotidiano:

POR QUE

retrair-se à agenda alheia – desistir
dos cinco sentidos – por que o relógio,

*as distâncias que cria, o mover-se
a sua sombra – por que as chaves
giradas, o diário trancar-se com a família
– por que a gravata, esperar o fim do dia,
dos dias – por que o espelho, o asseio,
a rotina dos sapatos – por que as senhas,
os códigos, os telefones de emergência,
endereços – por que os passos, os prazos
exíguos, as datas consumidas
como aspirinas*

Tarso de Melo, in "Carbono", p. 23
São Paulo: Nankin, Alpharrabio, 2013.

Um poema que bem poderia expressar a angústia vital de Robert naquela noite, o modelo de sucesso na nossa cultura... Mas, vamos reconhecer, já há uma enorme diferença. A própria presença de quem trouxe o poema ao meu consultório, sua tentativa de escapar da correria – e viver! – já mostram como as coisas estão mudando. Há 15 anos, Robert de certa forma não tinha autorização da cultura para reclamar de nada. Como poderia reclamar do alto de tanto prestígio e dinheiro? Hoje tem mais consciência de que isso não basta. Sobreviver, mesmo gloriosamente, não basta. É preciso coragem, coragem de crescer.

www.gruposummus.com.br

IMPRESSO NA GRÁFICA sumago
sumago gráfica editorial ltda
rua itauna, 789 vila maria
02111-031 são paulo sp
tel e fax 11 **2955 5636**
sumago@sumago.com.br